アメリカの対外関係を俯瞰する

アンドリュー・プレストン 著
島村 直幸 訳

A Very Short Introduction

晃洋書房

イントロダクション

アメリカの対外関係の歴史は、あらゆる国家のいかなる人々にとっても関心をそそるものであった。これは、二〇世紀はじめからのいかなる他国とも異なり、アメリカが事実上あらゆる国家の歴史に影響を及ぼしてきたためである。アメリカのプレゼンスが文化的、経済的、政治的、技術的、軍事的にとても大きかったために、アメリカが残りの世界との関係をいかに導くのかは、通常、グローバルな関連性を持った。良くも悪くも、われわれはすべて、アメリカの価値やシステム、技術、パワーによってかなりの程度まで作り上げられてきた世界に住んでいる。同様に、こうしたアメリカの現象への適応と抵抗によって作り上げられた世界に住んでいる。したがって、アメリカの対外関係の歴史を理解することは、われわれが住む世界について理解を深める上で役に立つ。

このことは、世界のなかでアメリカが全能であるとか、その影響力が決定力を持つということを意味するわけではない。アメリカは強力であったにもかかわらず、多くの機会で思い通りにすることができなかった。しかし、そのような時でさえ、たとえば、ヴェトナムやイラクの事例であるが、その結果は無視することはできなかった。このことは、アメリカの対外的な相互作用が世界にとって常に恩恵を与えてきたということを意味しなかった。アメリカのパワーが偉大であったということは、そのことが必ずしもいつもよいことをもたらすというわけではなかった。

これらの理由のため、アメリカの対外関係の話題をめぐっていくつもの論争がある。そうした大きく重要な主題に関するこの *A Very Short Introduction* は、できる限り公平な方法で、世界のなかのアメリカについて最も重要な話題と広く知られた神話に取り組むことを目的としている。

まず最初に、専門用語に関する問題である。私は、「外交史（diplomatic history）」という最も一般的な代案となる概念の代わりに、「対外関係の歴史（history of foreign relations）」という概念を本書では慎重に用いている。このことは、「対外関係」が、国家の政策や軍事戦略、高次元の外交だけではなく、貿易や移民、宗教的な使命、文化などから派生する非国家の相互作用も取り込むより大きく包括的な概念であるためである。アメリカのグローバルな足跡がしばしばワシントンの外交官や戦略家とほとんど関係がないため、トップ・ダウンの国際史とボトム・アップのトランスナショナルな歴史の双方を包摂する「対外関係」がより適切で正確であるように思われる。

本書は、アメリカの対外関係の歴史の多くの主要な出来事を取り上げる上で、さまざまな点で相互に補強し合う七つの主要な論題によって活気のあるものとなっている。

第一に、価値や使命感の重要性である。すべての大国は、自らの理想によって動機づけられるが、アメリカの対外政策は、異常な程度まで道義的かつ規範的である。このことは、アメリカは特別で、したがって特別な役割を担っているという信念、すなわち、「例外主義（exceptionalism）」として知られるイデオロギーが、世界のなかでアメリカの利益を決定する上で過度の影響を持っているためである。

第二に、拡張（expansion）や進歩（progress）についての思想が、自らを取り囲む世界をいかにアメリカが心に描くのかについて重要な役割を担ってきたということである。まずこのことは、領土の獲得の形態で文字通りの意味を持ったが、拡張と進歩はまた、ただアメリカ人の利益だけではなく、他者の利益のためにもアメリカを取り巻く外の世界を変化させたいという欲求によってかり立てられ、アメリカの価値を広げることを意味した。言い換えれば、進歩は、拡張を「要求した」。アメリカ人以外の人々がアメリカの言う進歩を歓迎するかどうかは疑わしいが、このことは対外行動についてまずそもそもアメリカ人を動機づけるものが何であったのかを究明する時には、関係のないことであろう。

第三に、人種やジェンダー、宗教が、アメリカが世界へ関与する時に特に潜在的な源となってきたということである。アメリカは、プロテスタンティズムと男らしさを政治文化の主要な柱とした、白人が所有する共和国として建設された。伝統的に権力が欠けた人々、たとえば、アフリカン・アメリカ人や女性、カトリック教徒、ユダヤ人、モルモン教徒といった人々は、白人男性のプロテスタントによって確立された規範にしたがう必要があった。時代とともに、こうした権力は、アメリカ社会がより多元的となり、世界が脱植民地化（decolonization）を遂げるにつれて、劇的に変化した。

第四に、アメリカの対外的な経験だけではなく、アメリカの歴史そのものにとっても、戦争が中心的な役割を果たしてきたということである。国家について最も広がった二つの神話は、アメリカがめったに戦争をせず、戦争に参戦するのは緩やかであるというものである。現実には、アメリカは、まず北アメリカで、その後は世界中で、自らの目的のためにしばしば軍事力に訴えてきた。実際のところ、二五〇年間以上、戦争はおそらくアメリカの対外関係の最も一貫した側面であり、そのことは、アメリカの文化や経済、社会規範、政治制度の進展に深く永続する影響を及ぼしてきた。同じ理由から、アメリカを異常に攻撃的な、戦争挑発の国家として理解すべきではないが、むしろいかなる他国と同じような国家として理解すべきである。すなわち、より攻撃的ではないが、より攻撃的ではないというわけでもない。

第五に、アメリカの基本的な地理上の地位がアメリカの対外関係に関して深い意味を持つが、通常、見逃されてきたということである。アメリカは、すべての側面で脅威の不在によって囲まれており、ほとんど全体の歴史でそうであった。このことは、歴史家たちが「無償の安全保障（free security）」と言及するものである。一八一二年の戦争〔アメリカ・イギリス戦争〕の終結以降、アメリカは、占領はもちろん、対外的な侵略の脅威にも直面してこなかった。同じ期間にわたって、大国の競争相手はすべて、そうした経験をし、時には繰り返し経験しており、イギリスだけが実際に侵略と占領をまぬがれてきた。一九四〇年代の大洋横断の空軍力と核兵器の出現は、アメリカの安全保障を複雑にしたが、それらは、その国家の地理的な幸運を無効にはしなかった。アメリカ人は、対外的な攻撃にさらされる一方で（少なくとも二〇〇一年九月一一日）、それらの事例は、恐ろしいものであったが、例外的な出来事であった。

第六に、「孤立主義（isolationism）」というひどく有害な神話である。アメリカ史のなかで、アメリカが単純に孤立を保った時は決してなく、無償の安全保障は、アメリカがどういうわけか残りの世界から孤立することを意味しなかった。アメリカに関する限り、アメリカ人は、商業と改宗を求めて地球を歩き回る一方で、戦争の持続性は、アメリカの残りの世界への関与のより暗い側面を反映していた。アメリカはたしかに「単独で（unilaterally）」行動し、二度の世界大戦と冷戦の時代まで、彼らの歴史の多くの場面で、世界のなかで彼ら自身の条件で行動した。しかし、このことは、第二次世界大戦への介入をめぐる論争のなかで政治的な罵り言葉としてはじめて広まった論争の言葉である「孤立主義」とは別物である。「孤立主義」がひどく有害な理由は、その高度に政治化された性質だけではなく、問題が複雑ではなく、アメリカ人が自らの運命を制御していたという存在しない黄金時代をアメリカ人に信じ込ませてしまうからである。

最後だが第七に、外交と軍事的な介入を含めたアメリカの対外関係の行動にとっての国内政治の重要性である。部分的にアメリカの長年続いている大衆民主主義の文化のため、また部分的に無償の安全保障が国家の生き残りにとって一貫した闘争の圧力を取り除いていたため、アメリカの戦争と外交は、大衆向けの政治的な正当性のための必要性によって形成されてきた。政策決定者たちが大衆の圧力を無視したい時でさえ、彼らはそうできなかった。さらに、アメリカの統治の分散的な構造、すなわち、分割された政府のシステムと連邦主義（federalism）が抑制と均衡（checks and balances）と権力の分立（separation of powers）に基づく構造は、個人と集団が選挙で選ばれた政治家たちにロビー活動をし、次いで選挙で選ばれた政治家たちが政策決定者にロビー活動を展開する無限の機会を提供するのである。

これら七つの主題は、相互に排他的なものではなく、私が残りの世界へのアメリカの関与の歴史を考慮する時に、それらはいつも有益な道しるべとして私の心に浮かぶものである。第一に最も重要なこととして、それらは、独自の解釈のレンズとして働くこともあるが、もし状況が特に複雑か不明瞭だとしたら、一つの表面の上に一つかそれ以上が上乗せされた複合的な解釈のレンズとして働く。第二に、それらはまた、相互に関連し合うのである。たとえば、無償の安全保障のゆえにアメリカは侵略や占領の防止に基づかない対外政策を選択することができたが、その自律性こそが価値や国内政治がアメリカの対外関与にかくも長きにわたり非常に重大な影響を及ぼしてきたのかの一端を説明しているのである。

目次

第一章

主要な行動原理

アメリカは、対外政策の行動からその存在が始まった。実際のところ、その国家は、まさにその存在を成功した戦争と外交の追求に負っていると言っても言い過ぎではない。一七七五年のアメリカ革命の勃発から一八一五年のイギリスとの戦争の終結までの四〇年間以上で、建国の世代は、一連の国際的な課題に反応することによって、新しい国家を設立し強化した。その間に、彼らは、対外関係の主要な行動原理を確立した。すなわち、単独主義（unilateralism）と例外主義（exceptionalism）、拡張主義（expansionism）である。これらは、来るべき数世紀の間、より広い世界へのアメリカの関与を形成するのであった。

新しい共和国

一七七〇年代半ばまで、アメリカと呼ばれるようになる場所への入植者たちは、イギリス国王の臣民であり、大英帝国の一部とみなされていた。アメリカの植民地の側で独立への要求を刺激する一連の帝国の危機が起こった。一七六三年には、イギリスは、七年戦争でフランスを打ち破った後、北アメリカの東部半分で支配的なヨーロッパの国家となった。依然としてアメリカ大陸のほとんどに居住していたアメリカン・インディアンとの平和を維持するために、イギリスの政府高官たちは一七六三年に、アパラチア山脈の山の瀬に沿って宣言線（Proclamation Line）を設定し、それを超えた植民地の建設を禁止した。また数年後、彼らは、フランスとの戦争のコストのために北アメリカの植民地人たちに税を課し始めた。これら二つの措置は、西方への拡張を自然の権利で経済的に必要なものとみなしていた植民地人を激怒させた。イギリス当局は、反対意見を厳しく取り締まり、さらに反乱の感情をかき乱した。いわゆる耐え難き諸法（Intolerable Acts）とケベック法といったイギリスの措置がますますひどく憤慨した抗議を引き起こし、一七七〇年代初頭に緊張が高まった結果、戦争が一七七五年春にマサチューセッツで勃発した。コンコードの戦いとレキシントンの戦いである。

イギリスとの決定的な仲たがいは、一年後（一七七六年）に大陸会議がフィラデルフィアで召集され、独立宣言が提出され署名された時に訪れた。独立宣言の主要な目的は、それまで本質的に異なる存在で論争にまみれた個々の植民地の緩やかな共同体であったものをよりしっかりと結びつけること、言い換えれば、新しい独立した連合を形成することであった。独立宣言の起草者たちは、彼らの新しい国家が「地球上の国家の間で独立した平等な地位を占める」ことを望んだ。しかし、そうするためには、彼らは、イギリスを打ち破る必要があり、そのために同盟を必要とした。したがって、独立宣言の起草者の目的は、イギリスのヨーロッパでの競争相手、特にフランスに訴えかけ、今や革命から元の状態に戻ることはないと明らかにすることでもあった。「人類の意見への慎み深い尊重」へ訴えかけつつ、反逆者たちは、イギリスへの不平を公表し、「事実が公平な世界に提出されるようにする」ことを求めた。こうして、独立宣言は、決意の表明であると同時に、支援への要請でもあった。

アメリカ革命を立ち上げる時に、植民地人たちは、彼らの国家独立の野心とイギリスの競争相手であるフランスとスペインとの軍事的かつ外交的な結びつきを形成する必要性とを均衡させる必要があった。一方で、対外的な同盟は、死活的であった。というのも、イギリスは世界で最も強力な軍事力を誇っていた。英国海軍（Royal Navy）だけでも、アメリカにとってその生活を困難にするのに十分に強力であった。七年戦争以降、イギリスは、北アメリカに大規模な軍事プレゼンスを持っていた。新しいアメリカがパートナー国とその支援なしに成功する見込みはほとんどなかった。実際のところ、大陸会議はすでに、ヨーロッパ大陸から大量の武器と物資を密輸入していた。他方で、反逆者たちがあまりに多くのことをフランスとスペインに約束してしまうと、同盟の形成によって、植民地人が戦って勝ち取ろうとしていたまさに独立がむしばまれてしまいかねなかった。

マサチューセッツの弁護士でアメリカ革命の指導的な人物の一人であったジョン・アダムズは、アメリカの自律性を維持しながら、パートナー国と同盟を結ぶ方法をみつけたと考えた。一七七六年に、彼は、新しい国家の対外関係にとってのひな型を提供する模範条約（Model Treaty）を起草した。アダムズは、新しい国家はヨーロッパの国家の一つの臣下として生き残ることはできないと信じていた。彼はまた、ピューリタンのニューイングランドに影響を受けた人物として、非常に反カトリックで、君主制に不信の念を抱いていた。模範条約は、フランスの国力についての不可避の恐れによって形成されたが、世界でのアメリカの役割の恒久的な青写真となるように考案されて、アメリカが外国との同盟の政治的な問題、特にそれらの他国との小競り合いに巻き込まれることを避けるよう設計されていた。アダムズは、新しい国家は生き残りのために対外貿易が必要であるという前提から貿易を優先したが、戦争の場合の不定の不侵略や相互支援条約といったいかなる永続する政治的もしくは軍事的な関与を避けるよう注意した。これは、世界問題における一種の独立宣言であり、アメリカの単独主義の初期の表明であり、大陸会議が独立宣言を生み出す審議の一部として模範条約を委任したことは偶然の一致ではない。しかしこの時点でも、フランスは、反逆者たちとの開かれたパートナーシップに慎重で、ロンドンとのむき出しの対決にまったく乗り気ではなかった。

革命戦争の最初の二年間は、双方にとって困難であった。イギリスもアメリカも、勝利を収める軍事行動をしかけるのに十分な勢いを維持できずにいた。短期間のアメリカの勝利の後、反イギリスの政治運動の本拠地であったボストンは、ほとんど一年間、包囲攻撃の下で閉じ込められていた。その間、イギリスの将軍は、ニューヨーク・シティをめぐる一連の戦いに勝利し、ジョージ・ワシントンの指揮下にあった主要なアメリカの軍隊を追跡し、ニュージャージーまで後退させた。ワシントンは、一七七六年一二月にトレントン、一七七七年一月にプリンストンでイギリスの進軍を押しとどめることができたが、彼の軍隊は大きな痛手をこうむった。最初の主要なアメリカの勝利は、兵士たちがイギリスの将軍ジョン・バーゴインと彼の軍隊をニューヨークのサラトガの近くで包囲し、彼らを降伏まで追い込んだ一七七七年秋まで訪れなかった。

軍事力でより強力な立場にあったイギリスは、反乱を鎮圧することができないことにますます苛立っていた。しかし、サラトガでのアメリカの勝利にかかわらず、戦争が終わるには程遠かった。アメリカの観点からは、独立のための軍事行動はいくつか注目すべき勝利を収めたが、最終的な勝利は、依然として不確かなままであった。したがって、アメリカは、フランスとの同盟を形成する以外にはとんど選択肢がなかった。フランスは、イギリスの力を弱体化させ、七年戦争のための若干の復讐を成し遂げることに熱心であった。フランスとの同盟は、必要であったかもしれないが、反逆者の政府にとっての計略は、イギリスからのアメリカの独立だけでなく、パリの新しい保証人の要求からもアメリカの独立を維持することであった。独立宣言に続く、サラトガでのバーゴインの降伏は、フランス人にアメリカの反乱は信用できると確信させた。

米仏同盟は、その時点まで秘密であったが、今や公開されたものとなった。アダムズの構想に反して、ベンジャミン・フランクリンを代表とした外交使節団は、いくつか心地よくない約束をする必要があった。模範条約は、異なる状況にも適応可能と想定されていたが、アメリカは対外的な関与に巻き込まれることを避けなければならないという基礎をなす前提は、フランスとの同盟という緊急の必要性のために実践的に犠牲にされた。しかし、フランクリンは、イギリスとの個別の平和条約は締結しないという誓いとカリブ海でフランスが失われた領土を取り戻すことを助けるという約束ぐらいで、あまりに多くを譲る必要はなかった。米仏同盟は、一七七八年二月に調印された。これは、決定的な瞬間であった。アメリカは、イギリスに単独で対抗して、少なくとも近い期間には打ち勝てそうにながったが、世界のあらゆる場所で圧力を加えることができるフランスとのパートナーシップによって、アメリカの反乱は、成功のあらゆる機会を持つことができた。フランスにけしかけられて、スペインとオランダもイギリスへの軍事行動に参加した一方で、ロシアとスウェーデン、デンマーク、プロシア、ポルトガルといった他のヨーロッパ諸国が中立の船舶と貿易の権利を維持したことは、イギリスによる北アメリカの海上封鎖を徐々に衰えさせた。

革命戦争は、八年間続いたが、一七八一年のヴァージニアのヨークタウンでのイギリス軍の降伏と一七八三年のパリでの平和条約の調印によってようやく終結した。フランス軍がヨークタウンの戦いまで特に決定的な役割を果たしたように、ヨーロッパの介入は重要であった。パリ条約の調印によって、アメリカは、イギリスにさえ、国際システムの主権国家として認められた。独立宣言の目的は、実現された。アメリカは今や、理論上、イギリスそのものも含めたあらゆる他国と同じく正当性を主張することができた。

植民地の寄せ集めから

しかし、アメリカの正当性はただ紙の上にだけ存在し、その国家は他の重要なものが欠けていることが直ちに明らかとなった。それは権力である。このことは部分的に、新しく独立したアメリカの邦（州）の性質のためであった（邦とは、アメリカ独立宣言後、アメリカ合衆国憲法批准までの時期の State の訳語である）。それらは、中央に組織された単一の国家政体の支配下にあるかその一部としてというよりもむしろ、多かれ少なかれ緩やかな連邦のなかの自治の政体として行動するであろうと想定されていた。集合体としては潜在的に強力だが、それらは、集団としては実際にはまったく弱かった。革命の指導者たちが国家統治の必要性を忘れてしまっていたわけではなかった。革命戦争で戦闘が荒れ狂っていた時でさえ、大陸会議は、「連合規約」と呼ばれた新しい政府の枠組みを創設するのに忙しかった。しかし、行政権と徴税する権利が欠如した弱い中央政府をもたらすことによって、連合規約は、かつての植民地の自らの自治を守りたいという欲求を反映していた。ワシントンが一七八六年にジェームズ・マディソンに警告した「一三の主権国がお互い引っ張り合い、すべてが連邦の長の足を引っ張る」という問題は、まさにはじめから国家の結束をむしばむ恐れがあった。新しい邦は、それら自身で条約を交渉し、対外戦争に入り込むこともできなかったが、連合会議も、その権利や個々のアメリカの邦に影響を及ぼすであろう条約を他国と交渉することができなかった。それは、実行不可能な政府のシステムであった。

より重要な事柄として、特に経済的に海外との貿易に依存していた成り上がり者の共和国にとっても、それはまた危険な政府のシステムでもあった。陸でも海でも、アメリカは、自らの主権を侵害する外国人たちに悩まされていた。一七八三年に調印された平和の条件によって、イギリスは、西はミシシッピ川、南はスペインのフロリダ、北は五大湖までのすべての領土的な主張を割譲することに合意した。このことは、つまるところ、もともとの一三の植民地によって構成されていた国家の大きさを倍増させ、孤立してまばらに人が住む領土だが、守るべき膨大な追加の領土を連合会議が手に入れたことを意味した。南では、パリ条約に調印していないスペインが、アメリカの領土の主張に異議を唱えていた。北では、イギリスが領土をいやいや手放したかもしれなかったが、その軍隊が今では法的にアメリカの領土である場所に駐留したままであった。北部と南部、西部のアメリカ中で、アメリカン・インディアンが、新しい国家の政府が権威を使って土地を奪っていく試みに荒々しく異議を唱えていた。

これら主権の問題は、絶え間のない西部への白人で英語を母国語とする入植者によってさらにひどくなっていた。一七八三年の後でさえ、彼らを集合的に「アメリカ人」と言及することは、おそらく正確ではない。なぜなら、彼らのアメリカへの忠誠心は不確かで、しばしば希薄であったからである。入植者がアパラチア山脈を越えて現在のオハイオ州、ケンタッキー州、テネシー州にあたる場所へと流れ込んでいくと、彼らは、イギリスとスペインによってけしかけられ、武器を与えられたアメリカン・インディアンと衝突するようになった。一七八〇年代を通じて、戦闘が環アパラチアの国境線の土地に沿って一貫して見られた。

状況は、海でもほとんどよくなかった。一三の植民地は長い間、他国との経済関係から利益を得てきた。海上の貿易は、アメリカの繁栄にとって不可欠であり、それがなければ、アメリカの生存能力は疑わしかった。アメリカの商人たちと船荷主たちは、イギリスの英国艦隊の保護からいつも利益を得てきたが、英国海軍は今ではせいぜい好意的でない中立の立場なのであった。英国海軍の保護もなく、アメリカの船舶は、海賊や私掠戦のえじきとなった。彼らを最も頻繁に襲った略奪者は、北アフリカのバーバリー海岸(現在のモロッコ、アルジェリア、チュニジア、リビア)からの侵入者で、地中海や東大西洋でアメリカの船舶を急襲し捕虜にした。身代金の支払いは、船舶と乗組員を解放したが、さらなる襲撃を止めさせることにはつながらなかった。アメリカの旗の下で航海する船舶が襲撃を避けた時でさえ、それらは、イギリスやスペインの植民地の港が彼らに閉ざされていることを知るのであった。

常備軍はなく、海軍もなく、税金を徴収する権限もなく、連合会議は、外からの攻撃者からアメリカを防衛するには無力であった。連合会議には、国家の対外政策もしくは軍事政策を監督するための効果的な中央調整組織もなく、連合会議はまた、カリブ海の実入りの良い貿易路からアメリカ人を締め出している保護貿易的・重商主義的な障壁に対処する、たとえば、自由貿易や中立国船舶の交易といった国益を促進する上で困難を抱えていた。国務省が専門的に生まれていたけれども、それは個々の邦の気まぐれの思いつきの慈悲に委ねられた効果のない組織であった。

実際のところ、連合規約の下で、アメリカは、真の対外政策を持つことができなかった。「われわれは、はっきりとした契約によって長い間、明け渡してきた外国の領土に価値のある領土や重要な港を持っているであろうか」。憤慨したアレグザンダー・ハミルトンは、『ザ・フェデラリスト・ペーパー』の読者にそう問うている。五大湖や南西部でのイギリスとスペインの略奪のおかげで、その答えはまさに明らかであった。「われわれは、侵略行為に腹を立て、追い払う状態にあるであろうか」。その答えも再び、まさに明らかであった。「われわれは、軍隊も、国庫も、政府も持っていない」。

対外政策がなく、アメリカが世界のなかで独立した国家として機能する能力は、損なわれていた。しかし、貿易よりもずっと重要なことがあった。まさにアメリカの生き残りが疑わしかったのである。もしアメリカがイギリスとスペイン、アメリカン・インディアンを広大な陸の国境線上で追い払うか、抑止することさえできなかったら、もしアメリカが海上のヨーロッパ貿易へのアクセスを法的に獲得できないとしたら、もしアメリカがバーバリー沿岸の海賊から自らを守れないとしたら、アメリカは、外国の領土の略奪、アメリカン・インディアンとの戦い、分離主義者の運動によって、おそらく崩壊してしまうであろうと考えられた。

ハミルトンが質問を問うてみたことは、世界のなかでの国家の立ち位置についてのより広い懸念を反映していた。新しい国家の内部で国民の結束をむしばんでいたアメリカの外国での弱さを克服するために、連合会議は一七八七年に、新しい国家の憲法を起草することに権限を与えた。このことが成り上がり者のアメリカを懐疑的なヨーロッパ人の目で正当化するであろうことを建国の父たちは期待した（アメリカ共和国に共感する人々でさえ、それが長い間、存続できるのかを疑っていた）。歴史家のエリガ・グッドゥが指摘したように、より安定した中央集権化された政府を可能にした新しい憲法は、新しい国家を「条約を結ぶ価値がある（treaty-worthy）」ものへ変えた。すなわち、他国がビジネスできる国家である。もしそうした正当性がなければ、アメリカ人は世界のなかで脆弱なまま取り残されてしまったであろう。対外政策の関心が連合規約を新しい憲法に置き換える決定の背後にある唯一の動機ではなかったが、それは最も重要なものの一つであった。

起草が終わった時に、憲法は、最高司令官として仕えるであろう行政府の長（大統領）と税金を徴収し、関税を集め、軍に適切な資金を提供する強力な立法府（議会）を含めた、より強力な中央政府を提供した。行政府と立法府が分立されるが共有する権力を持つであろうというマディソンの連邦主義の理論に導かれて、大統領と議会はいずれも、対外問題や国家防衛を監督する。たとえば、議会だけが宣戦を布告することができるが、一度軍隊が派遣されたら、大統領が指揮を執る。大統領（と彼の政府高官）だけが外国政府と条約交渉ができるが、上院は批准の権限を持ち、したがって、大統領が調印した条約に拒否権を行使できる。大統領は、国務長官や陸軍長官として使える人物を指名できるが、彼らは、上院によって承認される必要があり、このことは議会に対外問題で大きな影響力を与える。

時とともに、特に二〇世紀に入ってからだが、政府の行政府と立法府の間のバランスは、ますます行政府に優位な方向へ傾いてきた。建国の父たちは、アメリカが自らを防衛し、自らの利益を増進させるより強力な機構なしに国家は生き残ることができない、と感じていた。二一世紀初頭のアメリカ大統領の並外れた権力は、二五〇年前の北西アフリカ海岸を襲撃した海賊がもたらした最終結果であろうか。それは誇張であろうが、それほど大げさでもないであろう。

戦争中の世界で舵をとる

将来にいかなる問題が待ち構えていようとも、アメリカ合衆国憲法は一七八九年に批准され発効し、アメリカの残りの世界との関係をより強固な基盤の上に置いた。しかし、そうしたことによって、出来事が円滑に進んだとか、危機がなかったというわけではなかった。はじめから一七九〇年代は、非常に困難な国際システム上の変化をもたらした。アメリカは、イギリスとフランスという当時の二つの超大国の間で自らが翻弄されていることを悟り、イギリスとフランスが戦った戦争は、一八一五年にナポレオンが最終的に敗北するまでほとんど絶え間なく継続した。これは、アメリカの対外関係の歴史において重要な時代であった。なぜなら、イギリスとフランスの間で舵をとる時に、建国の世代は、単独主義と例外主義という彼らの主要な行動原理をしっかりと確立したからである。

革命戦争に勝利するために決定的であったフランスとの同盟は、パリ条約のインクが乾かぬうちに漂流し始め、フランス革命が一七八九年に勃発すると、それは危機的状況の臨界点に到達した。アメリカ人は、はじめは大西洋を越えた革命の勃発を歓迎した。というのも、まるでフランスがアメリカの事例から教訓を学んだように見えたからである。しかし、アメリカは、ルイ一六世と取り組む方が比較してより容易であったと気づくことになる。フランスを反革命のパートナーであるオーストリアとプロシアと戦わせていた戦争が低地三国（オランダ、ベルギー、ルクセンブルグ）にまで拡大した一七九三年に、緊張が目立ってきた。イギリスが反フランスの連合に加わったのである。フランスは、西半球のイギリスを攻撃し、気を散らせたいと思い、北アメリカとカリブ海の失われた領土のいくつかを回復することを期待して、一七七八年の米仏同盟の義務を果たすようアメリカに要求してきた。

模範条約を起草していたにもかかわらず、ジョン・アダムズの悪夢は、現実のものとなり、アメリカは、ヨーロッパの政治に巻き込まれてしまい、結果として、自らの地政学的な自由を失ってしまった。アメリカは、自然にフランスに共感し、イギリスとの戦争の記憶もまだ鮮明であった。しかし、アメリカは貿易を必要とし、特に西ヨーロッパとカリブ海の貿易を必要としており、そのことは、最も強力な海軍を持ち、最も広大な植民地を持つイギリスの要請を忠実に守ることを意味した。実際のところ、もう一つのイギリスとフランスの戦争の勃発は、迅速にヨーロッパ全体を覆い、地球の多くの場所に広がり、アメリカの商人たちに並ぶもののない経済的な好機をもたらした。安全保障と利己主義の理由から、ジョージ・ワシントンは、中立宣言を発表した。単独で行動し、アメリカは、すべての国家と貿易をし、どこの外国との関係にも損害を与えないであろうと期待された。

それが少なくとも、ワシントンの意図であった。単独主義と中立の主要な問題は、アメリカにとっては有益だが、アメリカはどちらの側とも平等な条件で貿易できないと主張するイギリスとフランスにとっては有害であったことである。フランスは、当然にアメリカが彼らの条約の条件を忠実に守ることを要求したが、英国海軍に支援され、アメリカ自身の地域で支配的なイギリスは、違ったふうに主張した。

イギリスとフランスのどちらの側につくのかという問題は、一七九〇年代のアメリカの公共生活を夢中にさせた。両国の熱心な支持者たちは、真の中立を相手側への降伏と見たからである。憲法に貢献したほとんどあらゆる者たちの希望と意図に反して、イギリスとフランスのことで言い合うことは、深刻な政治的な分断を刺激し、はじめての政党システムへとすぐにはっきりとした形をとることになる政治的な派閥（factions）を生み出した。すなわち、ハミルトンとフェデラリスツ（連邦派）は、イギリスに共感し、彼らの政治的イデオロギーはかなり保守的であった。これに対して、トマス・ジェファソンとリパブリカンズは、フランス革命の過激な共和主義で教会権力に反対の立場をとるフランスに共感していた。

しかし、これら二つの派閥は、一つ重要な点で共通していた。すなわち、ハミルトニアンもジェファソニアンも、中立国船舶と貿易の権利の重要性への固い信念を共有していたのである。このことは、アメリカがヨーロッパの革命戦争の非交戦国としてすべての相手と貿易する自由を主張していることを意味した。たとえ貿易が他の交戦国よりももう一つの交戦国に実際に利益をよりもたらすとしても、アメリカと交戦中でない限り、相手が戦争状態にあろうとなかろうとである。中立の権利のこうした主張は、フランスとの公式の同盟を効果的に無効にするものであり、それはまるでフランスが、一七七八年に実際に締結された同盟というよりも、一七七六年のアダムズの模範条約に署名したかのようであった。しかし、今や、緊張は、フランスが食料を必要とし、アメリカが顧客を必要としたという相互に強化し合う事実によって後回しにされた。一七九〇年代の半ばまでに、貿易は、二つの共和国の間で栄えた。

このことは、直ちにアメリカをイギリスと奇妙な関係に置き、一八一二年の全面的な戦争（アメリカ・イギリス戦争）を引き起こすことにゆくゆくはつながる危機への導火線となった。戦争は、長く大西洋を横切って主権をめぐる危機が起こった一七九四年に、まったくそれほどはるか遠くのものには思われなかった。イギリスのカリブ海の港の税関役人たちと英国海軍の船の将校たちは、アメリカ人と彼らの商品を押収し、賠償もなく、しばしば船員を投獄した。フランスとの貿易は、明らかに影響を受け、アメリカ人の生計が脅かされたが、おそらくよりずっと損害を与えたのが、アメリカの威信と誇りに対するダメージであった。アメリカ革命の終結とアメリカ合衆国の建国から十年以上が経っていたが、イギリスは依然としてアメリカ人を植民地の臣民よりもまともな存在として扱わなかった。さらに事態をひどくした問題は、五大湖地域の主権をめぐる継続する紛争であり、イギリスとアメリカン・インディアンの同盟はアメリカのルールを認めることを拒絶し、アメリカ人はそれを守らせることができなかった。

一七九四年の危機は、戦争の恐怖へとつながり、そのことが次には、イギリスとの戦争が悲惨な敗北とおそらく新しい国家の分裂へと至るであろうことを恐れるワシントン大統領を苛立たせて不安にさせ、解決のための交渉へと駆り立てた。彼は、一七八〇年代に連合会議のために外相のように働き、今では最高裁判所首席裁判官となっていたジョン・ジェイをロンドンに派遣した。ジェイは、一七世紀後半に生き残りのためにまずイギリスへ渡り、次いでアメリカの植民地に渡ったフランスのプロテスタントであるユグノーの子孫であった。そのため、彼の仲間のフェデラリスツと同じく、彼は、保守的なカトリックに統治されていようと過激な革命勢力に統治されていようと、フランスを信用しなかった。彼がロンドンで交渉し調印した条約は、イギリスとフランスに対する人々の感情にそむいたが、それはまた、アメリカの不安定な経済的かつ軍事的な地位を反映していた。

調停の行為として、ジェイ条約は、逆説的な効果を持った。すなわち、ロンドンとの緊張を緩和する一方で、アメリカでの政治的な憤りをさらに悪化させた。全体として、ジェイの行動は不人気であった。すなわち、リパブリカンズは彼を裏切者として公然と非難し、多くのフェデラリスツでさえ、彼を擁護することを躊躇した。ロンドンで、ジェイは、戦時となれば存在しなくなるが、中立の船舶の権利に関するイギリスの地位をしぶしぶ認めた。そのことは、アメリカの外交官にとってはできる限り重要な譲歩であった。その見返りに、彼は、イギリスから、ミシシッピ川から東と五大湖の南の全領土を明け渡し、その地域でのアメリカン・インディアンとの戦術的な同盟を放棄し、捕まえたアメリカ人の商品と船舶への賠償を与える約束を獲得した。言い換えれば、ジェイは、一一年前にすでに調印された条約の条件を忠実に守るというイギリスの約束と引き換えに、新しい共和国の最も重要な原理の一つで譲歩したのである。もしそれがアメリカにとって有意義な取り引きには思われなかったとしても、それはそうではなかった。ジェイはおそらく、現下の状況の下で可能な限りうまくやった。というのも、戦争を回避し、イギリスとその植民地との貿易が再びにわかに景気づき、大国でかつての敵国がアメリカを対等な存在として扱ったからである。

フランスは、それをそのように正確には見なかった。アメリカの一七七八年の条約の一方的な撤回とアメリカのイギリスとの貿易の急激な増加に激怒して、フランスはすぐに、アメリカの主要な敵国としてイギリスに取って代わった。一七九五年のジェイ条約の批准とともに、フランスの海軍は、アメリカの船舶を急襲し始め、彼らの商品を押収した。フランスの外交官は、不吉にも戦争が差し迫っているとほのめかした。一七九七年にワシントンから大統領職を引き継いだジョン・アダムズが休戦を交渉するために代表団をパリへ派遣した時に、激情はさらに悪化した。彼らは代わりに、XとYとZと暗号名をつけられた仲介者に近づかれ、即座の現金支払いと借款があればフランスは納得し、紛争に決着をつけるであろうと打診された。このXYZ事件は、アメリカ人の共和主義的自尊心を害し、アダムズは、傷つけられた誇り以外に交渉団の努力を示すものもなく、彼らを呼び戻した。洗練されていないが正確に疑似戦争（Quasi-War）という名で知られる開かれた海軍の紛争が一七九八年に勃発し、二年間継続した。フランスとアメリカの船が海で戦闘を交える一方で、アダムズは、外国人・治安諸法（the Alien and Sedition Acts）を可決するよう議会に圧力を加えた。この法律は、アメリカ史のなかで最も抑圧的な法律で、行政府の自由裁量で反対意見を効果的に犯罪とみなすものであった。疑似戦争は、両国が得るものはほとんどなく、不和からは多くを失うことを理解した時に終結に向かった。

こうして公海でまずイギリスと次いでフランスと紛争を戦っていたさなかの一七九六年九月に、ワシントン大統領は、告別演説（*Farewell Address*）を発表し、それによって世界のなかでのアメリカの役割について基礎をなす恒久的な構想を明らかにした。告別演説は、政党の予期せぬ台頭とともに、民主主義のなかでの宗教と徳の正当な場所について多くを言及したが、最も重要な貢献は、アメリカの単独主義の明白な声明であった。アメリカは、「対外的な世界の一部との永続する同盟は避けて舵をとらねばならない」とワシントンは宣告した。イギリスとフランスへの敵意が継続していたという背景は、そうした単独的な政策にとって明らかな正当化を提供していたが、ワシントンは、対外的な問題が国内の平穏と政治的な安定に与える有害な効果について大いに懸念を抱いていた。そのため、最善の政策は、中立であった。

しかし、国家の神話に反して、ワシントンの告別演説は、「孤立主義（isolationism）」の声明ではなかった。一八世紀後半の人々は、まったく相互に結びついた世界、実際にグローバル化された世界に住んでおり、純粋な孤立は、アメリカの政府にとって不可能であり、アメリカの人々にとっても財政的に破滅を招くものであったであろう。ワシントンは決して、孤立主義の空想を心に抱いていたわけではないし、「孤立主義」という言葉は、まだ彼の時代には知られていなかった。代わりに、彼は、アメリカがすべての国家との商業的な取り決めに加わり、必要な時には、アメリカの軍事的かつ経済的な安全保障、特に国内の政治的な調和を確実なものとするために、いくつかの国家と一時的な政治的もしくは軍事的な同盟を結ぶことを支持していた。「孤立主義」と考えられてきた権威のある宣言は、完全な国際商業と文化の関係を要求しており、そうした地位がアメリカに要求するであろう国際的な深い関与を認めていた。一八〇一年に大統領になったジェファソンは、単独主義のワシントンの教え、すなわち、アメリカの自身の条件での積極的な国際的関与を繰り返した。彼は就任演説で、「すべての国家との平和と商業、正直な友情、そしていかなる国家とももつれた同盟を結ばないこと」を要求した。

第二次独立戦争

四〇年間、アメリカのイギリスとフランスとの関係は、紛争と協調の間を大きく揺れ動いた。偶然ではなく、これらの四〇年間は、革命の時代であり、イギリスとフランスとの間の争いが革命的な暴力のまさに核心であり、アメリカ人は、彼ら自身の議題を推し進めることに忙しく、板挟みになっていつもどこかで罠にはまるのであった。しかし、一八〇〇年に疑似戦争が終結し、イギリスとの緊張もジェイ条約で解決されると、ジェファソンの時代に突入したアメリカ人は、国際的な紛争が過去のものとなったと考えても許されるであろう時代にいた。

しかし、平和は、数年間しか続かず、ヨーロッパでの戦闘が再開されて、アメリカが再び引きずり込まれるのはただ時間の問題であった。イギリスは、海と西部国境地帯で、アメリカの美徳に反対する無言劇の悪役の役割を繰り返した。一八〇五年から、英国海軍は、かつてのように再び、アメリカの船舶と商品を押収した。彼らはまた、アメリカ人の多くは依然として国王の臣民であるという根拠から、アメリカ人をとらえ始め、彼らを強制労働につかせた。海軍の強制徴募のこの政策は、アメリカでひどく憤慨した反応を引き起こした。最も悪名高い事件が一八〇七年に起こった。イギリスの戦艦HMSレパードがヴァージニア沿岸の沖でアメリカ海軍のフリゲート艦USSチェサピークを砲撃し、その船に斬り込み、四名のアメリカ人の船員を徴発し、そのうちの一人は、英国海軍からの脱艦のために絞首刑にされたのである。イギリスは、今やフランスに完全に支配されている大陸ヨーロッパと貿易を望むいかなる中立国の船舶もまずイギリスの小島の港で調査と通関手続きを要求する必要があると宣言し、アメリカの利益と誇りを脅かした。アメリカ人の怒りは、西部でのイギリスの挑発によってもかき立てられた。イギリスは、かつてのように再び、アメリカの西部拡張に抵抗するようアメリカン・インディアンをけしかけたのである。

ジェファソンは、ワシントンからウィルソンまでのいく人かのアメリカの大統領たちになじみがある拘束状態にとらわれていた。すなわち、ヨーロッパの要求にしたがうことは、国際的な船舶の地位を受け入れることに等しいが、抵抗することは、大西洋世界で覇権的な国家に対する戦争行為に等しかった。イギリスの海上封鎖に抵抗している中立国を含むあらゆるヨーロッパの国家と同盟することを拒絶して、ジェファソンは代わりに、災難を引き起こす折衷案を選択した。すなわち、事実上、施行できなく、広く無視されることになるアメリカのイギリスとの貿易のすべてを経済的に禁止するという措置をとった。

戦争の機先を制するために考案された、ジェファソンの二流の戦略は事実上、戦争をほとんど不可避にした。特に彼が一八〇九年に、優秀な政治思想家だが技量に欠ける政治家であるジェイムズ・マディソンに大統領職を引き継がれた時がそうであった。西部拡大を望んだほとんどの南部と西部の「戦争タカ派たち」にせき立てられ、議会は、一八一二年に戦争の宣戦布告を発した。たくさんの破壊を与えたにもかかわらず、どちらの側も、続く戦闘でいかなるはずみもつけることができなかった。

最終的に、どちらの側も、主要な戦争目的を獲得することができなかった。アメリカのカナダへの侵略によって、ヨーク（現在のトロント）が焼け、五大湖で海軍の戦闘があった。イギリスのニューヨーク州北部への軍事行動は失敗し、メリーランドへのもう一つの侵略はもともと成功しており、ワシントンD.C.の略奪につながり、大統領の邸宅が焼かれたが、それもまた結局は追い返された。

一八一四年のクリスマスイブに、イギリスとアメリカの交渉者たちは、〔ベルギーの〕ヘントのフランドルの街で、目的の明確化や問題解決に欠けるが、両国が戦闘を止め、面子を保つことを許す平和の条件に合意した。一八一二年の戦争は、どちらの国もいかなる真の利益も獲得できない行き詰まりのまま、それが始まった時のように終結した。しかし、このことは、まるでそれが偉大な勝利のように祝福したアメリカ人にとっては十分であった。いくつかの意味で、それは十分なものであった。すなわち、数千マイルの領土で細く広がった実験の共和国で言い争う連邦が、世界史で最も強力な帝国の一つを追い払ったからである。戦争に憤慨して反対していたニューイングランドからの分離論者の脅威にもかかわらず（徹底的な平和主義というよりもむしろ自己利益に基づいていた）、ナショナリズムはアメリカ中に沸き上がった。北アメリカのイギリスのプレゼンスは、戦争の後にいくぶん退き、アメリカの安全保障への脅威は減少し、その後消失して、国家の結束の新しい感覚が定着した。これらの理由から、一八一二年の戦争は、「第二次独立戦争」と呼ばれてきた。

アメリカ第一主義

状況は今や、単独主義の国家が繁栄するには完璧であった。アメリカの政治家たちは、ワシントンとジェファソンの忠告を心にとどめ、永続するもつれた同盟を回避し、彼らがしたいと思うように世界のなかで行動する自由を彼らにもたらした。アメリカの行動にはいくつか制約もあったが、多くはなかった。

一八二三年にジェームズ・モンロー大統領は、永久に彼の名前を残すであろうドクトリンのなかで、この広くゆき渡っていた単独主義のドクトリンをはっきりとした形にした。引き続いたあらゆる大統領のドクトリンと同じく、一般的な理論は、特定の状況から直接に現れた。というのも、モンロー大統領は、現存する政策を正当化するために目前の危機を使い、将来の行動のための基礎となるルールを発表した。一八二〇年代初頭に、ラテンアメリカは、一連のナショナリストたちの革命に巻き込まれており、そのため、フランスやロシアといった別のヨーロッパの国家がスペインの崩壊する帝国を引き継ぐことにつながるのではないか、とアメリカ人は恐れた。同時に、強力なアメリカ人の集団がギリシャ内戦でオスマン・トルコ帝国に対して介入することを執拗に迫り始めていたが、それはアメリカの国益にほとんど関わらない危険な試みであった。

ジョン・クインシー・アダムズ国務長官によって実際にほとんど起草されたモンロー・ドクトリンは、こうした地政学上のディレンマを解決した。それは、西半球が地理的に離れていて、政治的にまったく異なるものであるため、ヨーロッパはアメリカのなかの問題に干渉すべきではない、とヨーロッパの国家に宣言した。その代わりに、モンローは、アメリカがヨーロッパの問題に干渉することを差し控えることを約束した（相互不干渉）。モンロー・ドクトリンは、アメリカが既存のヨーロッパの新世界での植民地に干渉しないことを約束し、将来のルールを宣言した。すなわち、非移転（non-transferability）のルールであり、このことは、植民地の主権があるヨーロッパの帝国から別のヨーロッパの帝国へと移転されることがなく、国家の植民地の支配の終結は、その植民地の国家独立につながらねばならないということを意味した。もう一つは非拡大（non-expansion）のルールであり、このことは、ヨーロッパの帝国がアメリカでは領土を拡大することはできないということを意味した。

モンロー・ドクトリンはまた、その履行で非を認めない単独主義であった。南アメリカでより非公式の経済帝国を構築していることに満足し、既存の公式の植民地を保ち続けることに自信があるイギリスは、スペインの植民地がフランスやロシアの手に落ちてしまうのではないかというアメリカと同じような恐れを抱いていた。両国が今や国際情勢を同じような条件で見ていることを知り、ロンドンはもともと、共同で宣言を発することでモンロー政権に接近してきた。モンロー政権の政府高官たちのなかにはイギリスからの申し出を受け入れることを望む者もいたが、アダムズはアメリカが単独で行動することを主張した。

一八一二年の戦争とモンロー・ドクトリンの組み合わさった効果は、注目すべきものであった。すなわち、国際的な単独主義と道義的な例外主義の主要な行動原理が今やとても堅固にしっかりと確立したため、それらは世界のなかのアメリカにとっての指導原理（lodestars）となった。アメリカ人は、今まで以上に、アメリカは他国と異なったよりよい存在であり、偉大なことをする運命にある選ばれた国家である、と信じるようになっていた。そのような存在として、アメリカは、独自に行動するという選挙民の意思を持っており、他国との提携によって汚されてなく制約も受けていなかった。続く数十年間、これらの特徴、つまり、運命の感覚と同盟の回避は、アメリカを西方への情け容赦のない拡張へとかり立てた。

第二章 拡張主義

ほぼ三〇〇年間、アメリカと呼ばれるようになる土地に入植した人々は、彼らの領土的な保有地を拡張してきた。ニューイングランドからカロライナへまたがるもともとの根拠地から、アメリカ人は、アメリカが大西洋から太平洋へ、リオグランデから五大湖まで広がる主権国家になるまで、彼らの国境線を西と南へと押し広げた。彼らはそうするにつれて、拡張はただ不可避ではなく、道徳的に正しいことであるという彼らの信念が定着した。すなわち、進歩はよいことであり、アメリカは進歩を体現しているという信念である。したがって、多くのアメリカ人は、すべての関係する者にとって最もよいことは、アメリカの国境線をできる限り広げることであると信じ始めた。ある程度、この拡張主義は、ただ入植の過程だけでなく、正当な征服のイデオロギーであったが、何よりもましてアメリカの国家の性格を定義した。

拡張主義は、新しい現象ではなかった。というのも、それは、古い思想をそれ以前よりもより強力にただ表現したものであった。開発は、特に経済的なものだが、ただそれだけではなく、アメリカの歴史を通じて非常に活発で、絶え間のない、とりわけ不変なものである。しかし、それよりもより重要なことは、拡張はより幸せで、より繁栄した未来へとつながるであろうという世俗の確信と同類の開発への一貫した信念（*belief*）である。「われわれは、古代の出来事にまったく関心がない」。国家の主要な拡張主義者であるジョン・オサリバンは、一八三九年にこう主張した。「拡張する未来が、われわれの活躍の舞台であり、われわれの歴史のためでもあるのだ」。アメリカは、「将来の偉大な国家」であるため、類のない存在である、とオサリバンは結論づけた。

将来への信念、より具体的にはその将来を自らの意志にしたがわせるというアメリカ人自身の能力への信念は非常に強力であったがゆえに、拡張主義がもたらす大いに不安定な結果、特に戦争に耐えることができた。一八一二年の戦争と南北戦争の間の時代は、一般的に「ジャクソンの時代」として記憶されるが、おそらくより正確には「オサリバンの時代」と呼ぶべき時代であり、休むことのない衝動を爆発させ、大陸を横切る暴力的な効果を引き起こし、その後に続くずっとより大きな拡張のためのイデオロギーのひな型を設定した。

広大な領域

アメリカの拡張主義を支持した人々は、もとは北アメリカ大陸の出身ではなかった。彼らのヨーロッパの祖先は、迫害を逃れるか、経済的な出世のため、あるいは両方の理由から、アメリカとなる土地へ渡ってきた。南北戦争前（antebellum）の時代の半ばまで、こうしたヨーロッパからの入植者たちは、たいていがイングランドやスコットランド、ウェールズ、アルスターの出身（あるいはこれ

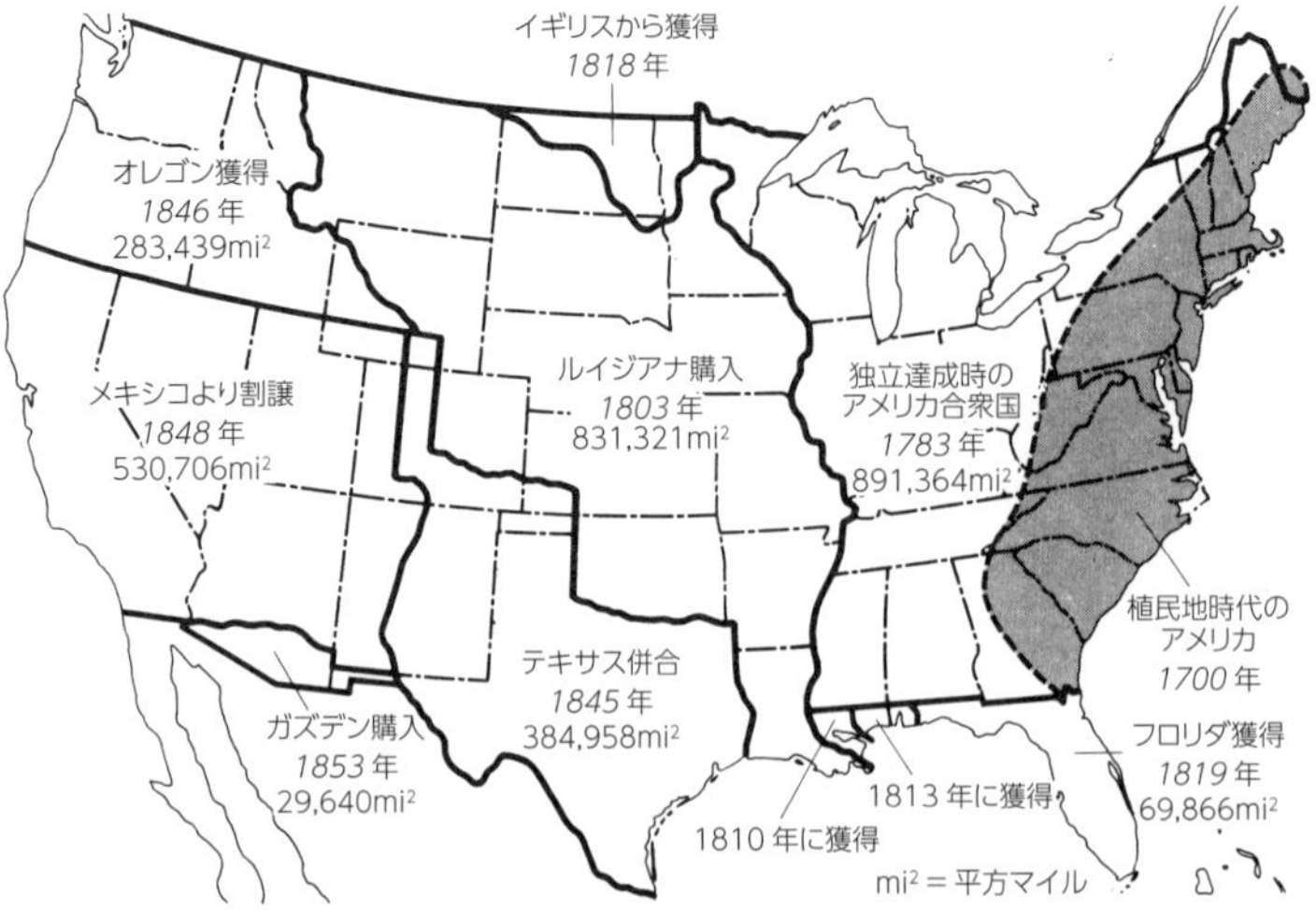

図2-1　アメリカ合衆国領土の拡張

出典：大下尚一・有賀貞・志邨晃佑・平野孝編『史料が語るアメリカ史——メイフラワーから包括通商法まで 1584—1988』有斐閣，1989年，299頁.

らの出身の子孫）であり、オランダ人やスウェーデン人、ドイツ人、フランス人のユグノーを含む他のプロテスタントの難民と少数のカトリックとユダヤ人が、北アメリカの東部沿岸のあちこちに現れた。彼らは、それらの土地のもともとの住民ではなかったため、拡張主義者の運動は、アメリカの歴史のほとんどでインディアンとして、より最近ではネイティブ・アメリカンやアメリカン・インディアンとして知られる人々の犠牲の下で起こった。他の海外からの移民の大規模な集団、つまり、アフリカ人奴隷も、たとえ奴隷自身は拡張主義者ではなかったとしても、アメリカの拡張にとって決定的であった。（図2-1）

大陸のもともとの住民を時に条約を通じてであったが、より頻繁には銃口を通じて、強制退去させることは、いくらかのアメリカ人の心を乱したが、たいていのアメリカ人は、それを大いに望ましい目的にとっての不愉快な手段ととらえていた。人種差別主義が拡張を正当化する上で大きな役割を担った。すなわち、奴隷制によって大部分たきつけられた経済（一八〇〇年以降はますますそうであった）と祖先から受け継いだ土地からアメリカン・インディアンを駆逐することで、次の世代のアメリカ人たちは、白人の優位の思想に基づいて国家を建設した。こうした人種差別主義は、法的な概念や宗教的な教義、文明の理想への固い信念によって支持されていた。たとえば、イングランドからの白人の入植者たちは、土地の適切な使用に基づいた法的ドクトリンにすぐにしたがった。すなわち、もし土地が主張されておらず、定住者がおらず、休ませてあるとしたら、その土地は、所有者のいない、所有のために利用できるものとみなされた。彼らが一七世紀と一八世紀に北アメリカに到着した時に、彼ら入植者たちは、遊牧のインディアンがいかに彼らの土地を使っているのかをほとんど認識していなかったため、ヨーロッパ人の目に慣れ親しんだ村や町、牧草地のために土地は開発されていないと理解することができた。たとえアメリカン・インディアンがある地域に定住した時でさえ、ふさわしいヨーロッパ人の慣習のやり方で定住されたわけではなく、まったく効果的に定住されていないということを意味した。

しかし、法と宗教、文明のこれら概念のすべてはまた、法典やキリスト教の信仰、礼儀正しさの近代の基準に欠けたおそらく未開の人々に対する義務の感覚をアメリカ人に徐々に教え込んだ。アメリカ人は、彼らの領土的主権を広げるにつれて、彼らの価値観を広げる義務も持っていると感じていた。彼らは、彼らの先住の隣人よりもより強力であり、経済力と軍事力のこの不均衡は、特に一度アメリカが建国されたと宣告し、西へ注視するようになるイギリスの植民地で改革主義の衝動を生じさせた。一九世紀への転換点までには、拡張主義のイデオロギーは、したがって征服の権利だけではなく、他者の生活を改善する責任にも基づいていた。このことはもちろん、拡張は公正で高潔であるというアメリカ人の自信をさらに深めた。改革主義が心から抱かれた信念であったか、それとも絶えることのない土地の略奪のためのただの見せかけであったのかは別として、二つの強力な衝動、つまり無私無欲の理想と利己的な利益がアメリカ人の世界観のなかで皮肉の事態や矛盾もなく共存していて、続く数世紀の間、世界のなかでアメリカを導く影響力があるイデオロギーを提供した。

こうして、アメリカが一七七五年から一七八三年までの時期に建国された時に、拡張主義は、その国民の精神のなかにすでに存在していた。そもそも、アメリカ革命の起源は、アパラチア山脈を越えて植民地の建設を禁止して嫌われた一七六三年の宣言線に見い出された。印象的なことには、無力な連合規約の下で連合会議が効果的な法律を可決した唯一の時が、一七八七年の北西部条例（Northwest Ordinance）とともに訪れた。一七八三年にイギリスが割譲した領土の大規模な調査と組織化として、その条例は、基本的な土地計画の勝利であった。それはまた、将来のアメリカの拡張のために死活的な原理を確立した。すなわち、（広く共有されていた期待だが）アメリカによって獲得された新しい土地は、連邦政府の管轄の下で領土として編入されるということになった。十分な人々が領土に移り住み、それが十分な程度まで発達した時に、その領土は、連邦のすべての特権を持つ一員として州としての地位が認められるであろう――。続いて起こる数十年で、インディアナ領土として知られたこの広大な土地の拡張は、オハイオとインディアナ、イリノイ、ミシガン、ウィスコンシンの州へと再分割された。

アメリカは今や、永続する拡張のための秩序を守る法的システムを持つに至った。実際のところ、その条例は、新しい種類の国家のための枠組みを確立した。実際はまったく国民国家ではなく、帝国国家のようなものであった。最初の一三の植民地は、植民地の本国（metropole）であった。すなわち、それらは、新しい土地所有を統合するために必要となる経済成長のエンジンと資本、科学技術の高度な専門知識、やる気に満ちた入植者の安定した供給をもたらした。こうした帝国は、その植民地が従属する構成要素として統治されるのではなく、連邦国家のなかで対等なパートナーとして統治されるのであった。

国家構築の行為として、北西部条例の影響力を誇張することは困難である。意図の宣言として、それは、できる限り確固とした土地の主張をはっきりとさせた。そのため、北西部に誰が入植するつもりなのかについて、いかなるあいまいさももはや存在しないのであった。ずっとより重要なことに、拡張的な入植の原理が、すでにアメリカ人の想像のなかでは自明であったが、今や法として成文化された。フランスの啓蒙主義の哲学者であるモンテスキューによれば、共和国は、生き残るためには小規模である必要があった。というのも、共和国はより大きくなると、人々がますます論争的となり、不和を生じさせ、効果的な政府がほとんど不可能になってしまうからである。しかし、建国の父たちの間で最も洗練された政治理論家のジェイムズ・マディソンは、モンテスキューの主張と逆の見方をした。すなわち、派閥は不可避であり、そのため、それらを和解させ、自分の考えを述べる余地を与えるために、アメリカの共和国は、繁栄するために成長する必要があるという見方である。「この政府の形態は、その目的を達成するために、小さな領域ではなく、広大な領域で機能しなければならない」と、一七八七年に彼の仲間のヴァージニア人のトマス・ジェファソンに語っている。

西へ西へと見たところ利用できる無限の領土が約束されており、イデオロギーの正当化を手に持ち、アメリカの政治家たちは、雄大なアメリカのためのより明るい未来を宣言するのにほとんど時間を無駄にしなかった。「いかにわれわれの現在の利益がわれわれ自身の限界のなかでわれわれを抑制しようとも、遠い時間を期待しないことは不可能である。われわれの急速な増加がそれらの限界を超えて自らを拡張させ、南〔アメリカ〕大陸ではないとしても、北〔アメリカ〕大陸を覆い、同じ言語を話す人々とともに、類似した形態で類似した法律によって統治されるであろう」と、ジェファソンは一八〇一年に、当時のヴァージニア州知事であったジェームズ・モンローに手紙を送っている。ジョン・クインシー・アダムズは、ジェファソンの後でおそらく最も重要な拡張主義の立案者だが、ただわずかにより野心的でないだけであった。彼は妻のルイーザに一八一二年の戦争の前夜にこう予言していた。すなわち、アメリカは、「神と自然によって一つの社会契約の下で結合した最も人口の多い、最も強力な人々となるよう運命づけられており、北アメリカ大陸で同一の広がりを持つ」ようになる。

明白なる使命

問題は、もちろん、ジェファソンとアダムズが彼ら自身のものとして望んだ土地が、依然としてさまざまなアメリカン・インディアンによって占有されていたことであり、彼らは非公式にイギリスとスペインによって支援されていた。したがって、拡張は、平和的に実現しそうになかった。ジェファソンのモンローへの手紙は、栄誉に満ちた未来を予言していたが、不吉な言葉で結んでいた。すなわち、「われわれは、その地表にしみや混在物が存在することを満足して見ることはできない」。このジェファソンの言葉は、アメリカの膨張の進路にある人々、すなわちアメリカ人が切望する土地にすでに住んでいる人々や、潜在的なしみと不健全な人種的混合の源を表象する人々にとっては不吉な前兆となった。綿織り機の発明のおかげで、南部の奴隷制はにわか景気の時代へ突入しつつあり、アメリカ人の入植はさらに南部と西部へとかり立てられ、新しい共和国は、人種の優位を綱領に掲げて前進する覚悟を抱いていた。例外主義の構想のこの暗いねじれによって、アメリカの拡張の行く手に立ちはだかる他者を強制退去させることは、正当化することがより容易となった。

アメリカの拡張主義は、「入植者の植民地主義（settler colonialism）」の現象を具体化したが、それは最も抑制できない征服の形態であり、なぜなら、それがたった一つのこと、つまり、土地の制御に情け容赦なく焦点を絞っているためであった。入植者の植民地主義は、権力と主権を共有する余地がまったくなかった。というのも、その土地にもともと住んでいた人々は、協力することも忠誠を誓うことも尋ねられることもなく、ただその土地を離れ、決して戻ってこれないのであった。入植者の植民地主義が依拠していた理論であるリベラルな帝国主義は、他の文化の価値も認める一方で、それが民主主義の価値を促進するにつれて、啓蒙されると想定していた。しかし、それは私有財産と個人の権利、経済的な開発といった概念に基づいていたため、その効果は、反転させられないのであった。言い換えれば、リベラリズムの拡張は、大いに非リベラルな方法に依拠していたのである。

ジョージ・ワシントンは、その問題をよく理解していた。彼の軍事的な経歴は、オハイオ・バリーでイギリス人の入植のための道を切り開くことを任務とする一七五〇年代の植民地軍の将校として始まった。一七五四年に彼が開始したフランスとの衝突は、フレンチ・インディアン戦争の発端となった戦闘であり、転じて七年戦争となった。しかし、同時に、ワシントンはまた、西への拡張の最も重要な植民地の事業の一つであるオハイオ・カンパニーの出資者でもあり、ワシントンは、一七五四年にイギリス軍の少佐としてその顧客を守るよう任命されていた。したがって、彼はまた、はじめから入植者の植民地主義の重要性を理解していたのであった。ワシントンの戦略は、外交を試みるが、必要があれば軍事力を用いて、ミシシッピ川西部のアメリカの土地に入植するというものであった。ワシントンの最も親しい助言者の一人であったヘンリー・ノックス陸軍長官は、こうした相反する感情を理解していた。ノックスは、アメリカン・インディアンの部族が文明化され、アメリカの政体に統合されることを期待しており、彼らの性質に微妙な理解を持ち、アメリカの入植者たちの暴力的な手に負えない振る舞いを軽蔑していた。しかし、彼はまた、未来がアメリカの必要性と欲求で決定されることも理解していた。ノックスは、北西部の部族にぶっきらぼうにこう言っている。「これがなしうる最後の提案である。もしあなた方が今それに喜んで応じなければ、あなた方の運命は永久に決められるにちがいない」。

アメリカン・インディアンがよく理解していたように、外交の問題は、それがただアメリカ人の入植と開発のために土地を明け渡す方法であった。たとえ彼らが平和の条件とアメリカへの統合に同意したとしても、インディアンの部族が締結したいかなる条約も、降伏文書、つまり、それはインディアンの生活様式全体にとっての遺書であった。こうした選択に直面し、またイギリスにもけしかけられ、彼らは戦争を選んだ。

低強度紛争は、激しいが決定的な戦闘によって何度も区切られつつ、一七九〇年から一八一二年の戦争の終結まで、北西部条例によって覆われた領土の性格を決定づけた。インディアンとアメリカ人は、彼らの運命が満ち欠けするのを見たが、全体的な傾向としては、インディアンが大部分の敗北で苦しみ、アメリカ人がたいてい勝利を収めた。一八一二年の戦争の終結までには、オハイオの北部とミシシッピ川の東部をアメリカが排他的に所有するということにもはや疑いはなかった。アメリカ人は、エリー湖畔の近くでのフォールン・ティンバースの戦いで、一七九四年にはじめて主要な勝利を収めた。決定的な転換点は、一八一一年にウィリアム・ヘンリー・ハリソンが現在のインディアナでのティッペカヌーの戦いでテカムセに対して有名な勝利を収めた時に訪れた。一八一二年の戦争は、イギリスとアメリカにとっては膠着状態であったが、ネイティブ・アメリカンにとっては大惨事であり、ミシシッピ川の東部とオハイオの北部ではインディアンの定住はもはや維持できないということを意味した。

それまでに、ジェファソンのおかげで、永続する拡張の行動原理は、国家アイデンティティの一側面として正式に確立するに至った。一八〇三年に、彼は、ルイジアナの領土をフランスから征服ではなく売却によって獲得したのである。その当時、この広大な土地は、現在のルイジアナよりもかなり広かった。つまり、その領土は、ミシシッピ川とロッキー山脈の間のほとんど百万平方マイルの土地であり、スペインのテジャ（Texas）との国境となった後、メキシコ湾のニューオーリンズからカナダとの事実上の国境線まで広がっていた。

一八一五年までに、アメリカは、大陸国家アメリカになるであろう領土の三分の二を主張するようになっていた。ルイジアナの獲得は、アメリカにヨーロッパの影響が及ばない領土を征服し定住する権利を与えたが、そうすることは、そこに住む数百のインディアンの部族を排除することを意味し、それは平和的にまた暴力にも訴えて数十年間、展開される過程であった。アダムズのような拡張主義者たちは、ルイジアナを超えて、他のあらゆるものを獲得し、共和国を大陸横断の国民国家とするために巧みに策略をめぐらせた。

スペインのフロリダが最初の標的であった。一八一二年の戦争の英雄であったアンドリュー・ジャクソン将軍は、表面上はジョージア州とアラバマ準州への入植者を悩ますスペインとインディアンの嫌がらせを鎮圧するために（現実には、スペインとインディアンの土地を侵略していたのはアメリカ人の入植者であった）、一八一八年にフロリダに侵略する過程を始めた。ジャクソンは、そこで敵対する者たちを徹底的に打ち破り、アダムズ国務長官に連邦を拡張する機会をもたらした。ジャクソンは、彼に与えられた指示を超えて、自発的にフロリダを侵略したのだが、アダムズは、喜んで彼からの贈り物を受けとった。スペインとの交渉で、アダムズは、フロリダのすべての領土割譲だけではなく、アメリカの正式な南の国境線を太平洋まで引き伸ばすことをスペインが承認することを主張した。一八一九年のアダムズ・オニス条約（Transcontinental Treaty）は、アダムズが八年前に彼の妻に予言していたことを実現することに大いに役立った。

ジャクソンは、一八二九年に大統領になった後、拡張主義のプロジェクトを再び暴力で促進した。

北部の部族と違って、ルイジアナではない南部のアメリカン・インディアンは、条約によって、アメリカでの永住の承認を獲得しようと模索してきた。より重要なことには、一八三二年に最高裁判所が、インディアンの地位をアメリカの内部の主権国家であることを支持する判決を下した。しかし、チェロキーやチカソー、チョクトー、クリークの部族が彼らが住む土地にとどまる法的な権利を持つ一方で、彼らはまた、白人の入植とジョージアやテネシー、アラバマ、ミシシッピ、二つのカロライナの奴隷制の拡張には障害でもあった。最高裁判所の判決を無視して、ジャクソンは、インディアンの部族を後にオクラホマとして知られるミシシッピ川の西の領土へと追い払うよう連邦軍に命令を下した。

インディアンの強制入植は、さらなる領土の獲得にはつながらなかったけれども、統合の瞬間として、またさらなる成長への刺激として、アメリカの拡張主義にとって決定的であった。次の数十年間、アメリカは、水が下り坂を下るように北アメリカ大陸を西へ西へと押し寄せ、障害がふさいだ時だけその進路を変えた。それよりも以前の一八一二年の戦争の時には、そうした障害は、イギリスとカナダの決意であった。特にイギリスの力は、ルイジアナの購入で獲得した土地を超えて領土を広げようとするアメリカの構想に対する抑制として機能していた。その後は、拡大に歯止めをかけるのは、アメリカ人自身のイデオロギー的かつ政治的な留保であった。奴隷制は、不和を生じさせる争点のうち最も差し迫ったものであったが、他の要因も存在した。たとえば、メキシコとの戦争（アメリカ・メキシコ戦争）の後、アメリカは、リオグランデの南に住むスペイン語を話すカトリックのメキシコ人を吸収することをためらった。彼ら自身の抑制は別として、一八四〇年代までに、アメリカの大陸での拡張に制限を加えた唯一のものは、太平洋であった。

拡張主義は、長い間、アメリカの例外主義の構造の一部であったが、その逆も同様であった。拡張主義とナショナリズムの間の結びつきは、南北戦争前の時代ほど十分かつ明白に進展したことは決してなかったが、ジョン・L・オサリバンほど、こうした結びつきを十分かつ明白に明らかにした人物はいなかった。ニューヨークに拠点を置いたジャーナリストで民主党の活動家であったオサリバンはまた、熱心な拡張主義者であった。彼にとって、拡張は、神の強い希望、彼の精神にとっての神の賜物、責任についてのプロテスタントの概念と耕地を耕す責務についてのアングロサクソンの規範と結びついた敬虔な神意に他ならないか、そうでなければその耕地に対する失われた権利であった。すなわち、拡張とは、彼が一八四五年に書いた広く引用される論文によれば、「神の摂理（Providence）が自由と連邦制の自治・民主政治（self-government）という偉大な実験の進展のためにわれわれに与えた、大陸の全体を覆いつくし、所有するのは、われわれの明白なる使命（manifest destiny）の権利」なのであった。彼の新聞とともに、オサリバンは、実際にとても古い過程に言及した「明白なる使命」という新しい言い回しを社会に広めた。彼は、その領土の位置と類を見ない政治的かつ経済的な徳のため、アメリカは、北アメリカを征服する権利を有する、と主張した。しかし、オサリバンと拡張主義者たちは、西へ拡張するにつれて、その国家はまたそれらのまさに政治的かつ経済的な徳を広げる責任も持っている、と続けて説明した。領土の拡張は、ただ自らのためだけに起こるのではなく、未開の大陸を文明化するより大きな目的に役立つ必要があると説明された。

征服の戦争

オサリバンは、ただ真空状態のなかで記事を書いていたのではなかった。一八四五年までに、アメリカは、三つの土地への拡張の機会をうかがっていた。すなわち、独立した共和国であったテキサス、メキシコの領土であったカルフォルニア、そしてカルフォルニアの北の国境線からアラスカの細長い地域の南まで広がる広大な場所であるオレゴン郡であり、この土地はイギリスも部分的に領土を主張していた。

一〇年前、アメリカからアングロサクソン系の入植者の波を吸収して、テキサスは、短い独立戦争を戦い、メキシコから独立していた。アングロサクソン系のテキサス人は、アメリカへの加盟を懇願したが、拒絶されていた。一八二〇年にミズーリ協定（Missouri Compromise）が平等の原理を確立しており、そのため、新しい奴隷州は新しい自由州と均衡される必要があった（たとえば、メイン州はミズーリ州と均衡させるために生み出された）。一九世紀半ばまでの間、奴隷制をめぐる論争はますます激しくなり、ジャクソンは、彼自身、奴隷の所有者であり、奴隷廃止論者の友人は一人もいなかったが、テキサスのような大きな州を自由州で均衡させることなく認めることはできないと感じていた。メキシコは、依然としてテキサスとの戦争で傷ついた国家の誇りを心に抱いており、テキサス共和国のアメリカへの併合は戦争行為とみなすであろう、と明らかにしていた。

一八四五年までに、オレゴンの運命をめぐって類似した膠着状態が危機に陥った。ロンドンとワシントンの双方が領有権を主張したが、オレゴン郡は、莫大な経済的な潜在力を持っていた。アダムズのような拡張主義者にとって、それはアメリカに運命づけられた太平洋への出口を与えるものであり、アダムズ・オニス条約で彼が描いた構想を実現するものであった。しかし、メキシコのように、イギリスも、もしアメリカがオレゴンのすべてを獲得しようとするならば、戦争になると脅した。

カルフォルニアもまた、（同類の革命的な共和国で新世界のポスト・コロニアルな国民国家である）メキシコの統合された一部であったにもかかわらず、アメリカの念願の届く範囲にあった。これは、おそらくすべての領土のなかで最も望ましいものであったが、それはまた最も入手不可能であった。というのも、テキサスは独立していて、アメリカに加入できるよう活動的に要請していた一方で、イギリスは、オレゴンの少なくとも一部でアメリカの主張を認めていた。これらも困難な獲得になるであろうが、カルフォルニアの獲得は、あからさまな征服の行為となると予測されたからであった。

出来事は、理論上は一七〇年後から見ても適切に進展していなかったが、膠着状態は、ほとんど完全にアメリカに有利になるような一連の急速な進展が重なり、一八四五年から一八四六年にかけて終わった。このことは、アメリカが支配的な地位を占めていたことを考えれば、驚くべきことではなかった。第一に、一八四五年にテキサスがアメリカに併合された。翌年には、メキシコとの戦争が迫るなかで、熱烈な拡張主義者であったジェームズ・ポーク大統領は、北緯四九度でイギリスとほとんど対等にオレゴンを分割することで合意した。このことは、カルフォルニアで拡張主義者がするべきことを成し遂げる上でポークを自由にした。米軍が争われていた国境線上で軍事衝突を引き起こした後、これが報復の口実として役立ち、議会は一八四六年五月にメキシコに対して宣戦布告した。戦闘

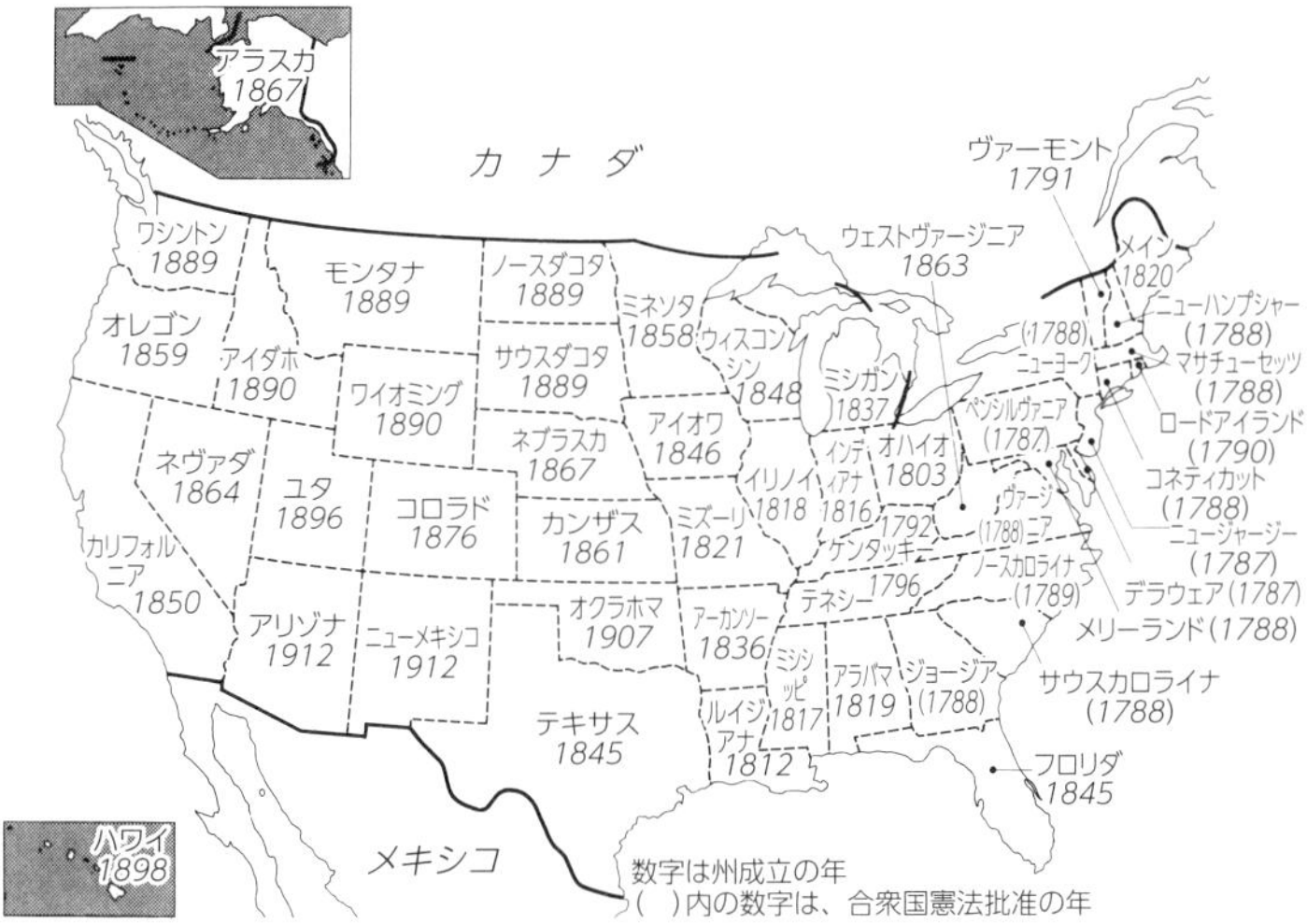

図2－2　アメリカ合衆国の50州

出典：大下・有賀・志邨・平野編，1989年，298頁.

はその後、一八四七年九月に米軍がメキシコ・シティを占領することで最高潮に達した。平和条約は、翌年の二月に調印され、メキシコが北部の領土を譲渡することとなり（その領土は、カルフォルニアやアリゾナ、ユタ、ネヴァダ、ニューメキシコなどの州となった）、一五〇〇万ドルの損害賠償の見返りにテキサスをめぐるアメリカの主権を認めることとなった。五年後の一八五三年には、アメリカは、ガズデン購入で南アリゾナの細長い断片の領土を獲得し、その結果、大陸国国家アメリカへの編入を完成させた。北アメリカ大陸でのアメリカの領土拡張は、一八六七年のアラスカ購入で終わった（図2－2）。

　領土拡張と成し遂げられた軍事的な栄光の観点から目を見張る成功であった一方で、メキシコとの戦争は、一連の疑わしい道徳的な基盤に依拠していた。第一に、テキサスの西方の南西部での領土拡張は、奴隷制の拡大の不安材料を増大させ、南部の奴隷制弁護論者と北部の奴隷廃止論者、奴隷制度拡大に反対する論者の間の争いを悪化させた。こうして、一八六〇年から一八六一年の南部一一州の連邦離脱の危機で爆発した危機のエスカレーションのきっかけとなった。実際に、メキシコとの戦争が南北戦争の発端の戦闘になったと言ってもまったく誇張ではない。メキシコとの戦争の第二の等しく疑わしい基盤は、まさにその戦争の原因が領土であったことである。促されたものではないメキシコでの激しい襲撃は、明らかに領土の略奪であった。最後に、戦争の直接の原因であるメキシコのアメリカの領土への侵略は、その当時も異論を唱えられ、それ以降もあざ笑われている。征服者として見られたくなく、またアメリカへのテキサス併合の直後で争われていた国境線上での緊張が高まるなかで、ポークは、都合のよい瞬間が訪れることをうかがっていた。その瞬間が訪れた時でさえ、メキシコが非難に値するのかどうかは疑わしかったため、イリノイ州選出の新人議員であったエイブラハム・リンカーンは有名な「スポット決議（Spot Resolutions）」を提出し、アメリカとメキシコ軍との衝突の正確な位置について明らかにするようポークに要求していた。

驚くべきことではないが、当時、戦争は、部分的に地域間と党派間でアメリカ社会の内部に深刻な分断を引き起こした。その過程で、メキシコとの戦争は、アメリカの対外関係でますます顕著になる特徴となるものを具体化した。反戦運動である。全体から見て、民主党員は、あからさまな拡張主義者であったが、多くのホイッグ党員は、少なくとも精神上、奴隷制のための戦争でもあった拡張のための戦争については不安を抱いていた。革命戦争と一八一二年の戦争も刺激された反戦の反対者をもたらしたが、どちらの場合も、反対意見は、たとえば、一七七〇年代の独立戦争時のイギリス擁護派や一八一四年のニューイングランドの商人たちのように、失うものがある人たちもいるという事実に刺激されていた。言い換えれば、一八四六年以前の反対意見は、戦争の道徳性について主張をする信念に基づいた人たちではなく、むしろ戦争が持つ特定の物理的な効果への恐怖感について主張していた人たちであった。メキシコとの戦争は、異なっていた。それは、大衆運動を引き起こさなかった一方で、連邦政府が行っていることが非道徳的であるという感覚に基づいた広範囲に及ぶ反対を誘発した。メキシコとの戦争に反対した一部の人々は、純粋に平和主義者であった。一九世紀は、いかなる状況の下でも戦争を非難する平和運動の出現をもたらした。しかし、リンカーン議員のようなアメリカ人のなかには、彼らの国家が間違った方向へ向かっていると考えて、戦争に反対した人たちがいたのであった。

こうした反戦の熱情がポークを思いとどまらせることはほとんどなかったが、皮肉なことに、それはアメリカの戦争と外交に道徳的な熱情や使命の感覚を吹き込んだために、いくつかの影響を及ぼした。例外主義は、アメリカ人を同じ方向へいつも向かわせるわけではなかった。なぜなら、それは愛国者を国家の栄光のための戦争にいざなうこともあるが、それはまた、愛国者を彼らの最愛の国家が道を外れてしまったと結論づけることに導くこともあるからである。アメリカでの反戦の行動主義は、めったに反アメリカの運動にはならない。すなわち、それはアメリカそのものへの批判にめったにならずに、代わりにアメリカの真の理想を裏切っている見当違いの腐敗したエリートたちに焦点を絞るのである。そのため、特定の戦争の批判者たちが、メキシコとの戦争のポークに対するリンカーンのように、戦争の意図と目的に等しく例外主義からの批判を繰り広げた時に、彼らは、そのことによって、大統領や戦争の指導者たちに彼らの行動をアメリカとその価値感にふさわしい最も高潔な目的にしたがったものとして正当化することを強制していたのである。平和のための十字軍戦士に釈明を求めれて、戦争の立案者たちは、栄光や征服のためではなく、文明化や進歩のために戦争を戦っているのだと主張した。拡張は、ただアメリカのためではなく、人類の役に立つために追い求められた。戦争を止めさせることを意図して、反戦の理想主義は、ただアメリカの指導者たちを強いて戦争を道徳的な十字軍として描かせたのである。

国家の再生

国家連邦のための戦争として始まったが、その国家にとってはじめての人道的な介入にもなった南北戦争以上に、壮大な十字軍は存在しない。二つの道徳的な理由として、ナショナリズムと奴隷解放は、連邦支持のアメリカ人の間に運命の感覚を吹き込んだ。それは、ただアメリカのためだけではなく、世界全体のためのあがないの戦争となった。独立宣言に署名した時以来、アメリカ人は、自らの国家を人類の夢と野心のための保管場所とみなしてきた。アメリカは、ただ国民国家であるだけではなく、民主政治と個人の機会の啓蒙されたシステムをできる限り広く浸透させるよう自然法と神の摂理によって義務づけられた道徳的なプロジェクトなのであった。南部の奴隷を所有する貴族政治主義者たちが合衆国を離脱しようと動いた危機の最も重大な瞬間にあって、リンカーンは、北部をひどく憤慨した正義の十字軍へと導いた。一八六二年に議会で、リンカーンはこう言った。「われわれは、連邦のためにあると言った。世界は、われわれがこう言ったことを忘れないであろう。われわれは、地上の最後で最良の希望を気高く救うか、あさましくも失うかであろう」。アメリカの戦いは、世界の戦いでもあり、そのことによって、自由のための他国の希望の運命を決定づけるものでもあった。

血なまぐさいものとなったが、南北戦争は連邦の勝利に終わった。思わしくない開戦の後、リンカーンと彼の将軍たちは、勝利のための解決策をみつけ、南部連合の軍を不快で血なまぐさい消耗戦へと追い込んだ。ウィリアム・スワード国務長官は、熟練した外交を通じて、イギリスとフランスが介入しないように脇に（at bay）置き続けた。両国は、南部の綿花にある程度依存しており、畏敬の念を起こさせるが厄介な潜在力を秘めた大陸国家アメリカが二つに分裂することを見ることに幸せに感じたはずである。しかし、戦争は一八六五年四月に終結した（図2－3）。

グローバルな進展の文脈から見れば、アメリカの南北戦争は、類のないものではなかった上に、異常でさえなかった。一八世紀後半にイギリスで始まり、他の大国へと広がった産業革命は、一九世紀半ばまでには、二つの重要な現象を刺激していた。国家の発展とナショナリズムの高まりである。一方で、近代産業の経済が国家権力の集権化を引き起こし、それとともに、官僚制のような入念に作られた統治構造も発展し、ますます複雑となり錯綜とした国家と社会の相互作用を管理するようになった。他方で、一七七〇年代と一七八〇年代の革命と産業労働力の向上が人々の大衆運動を引き起こした。この結果の一つが、民主主義の広がりであった。もう一つは、ナショナリズムの高まりであった。これら二つのプロセス、つまり、国家の近代化の進展と大衆民主主義の出現は、しばしばお互いに触

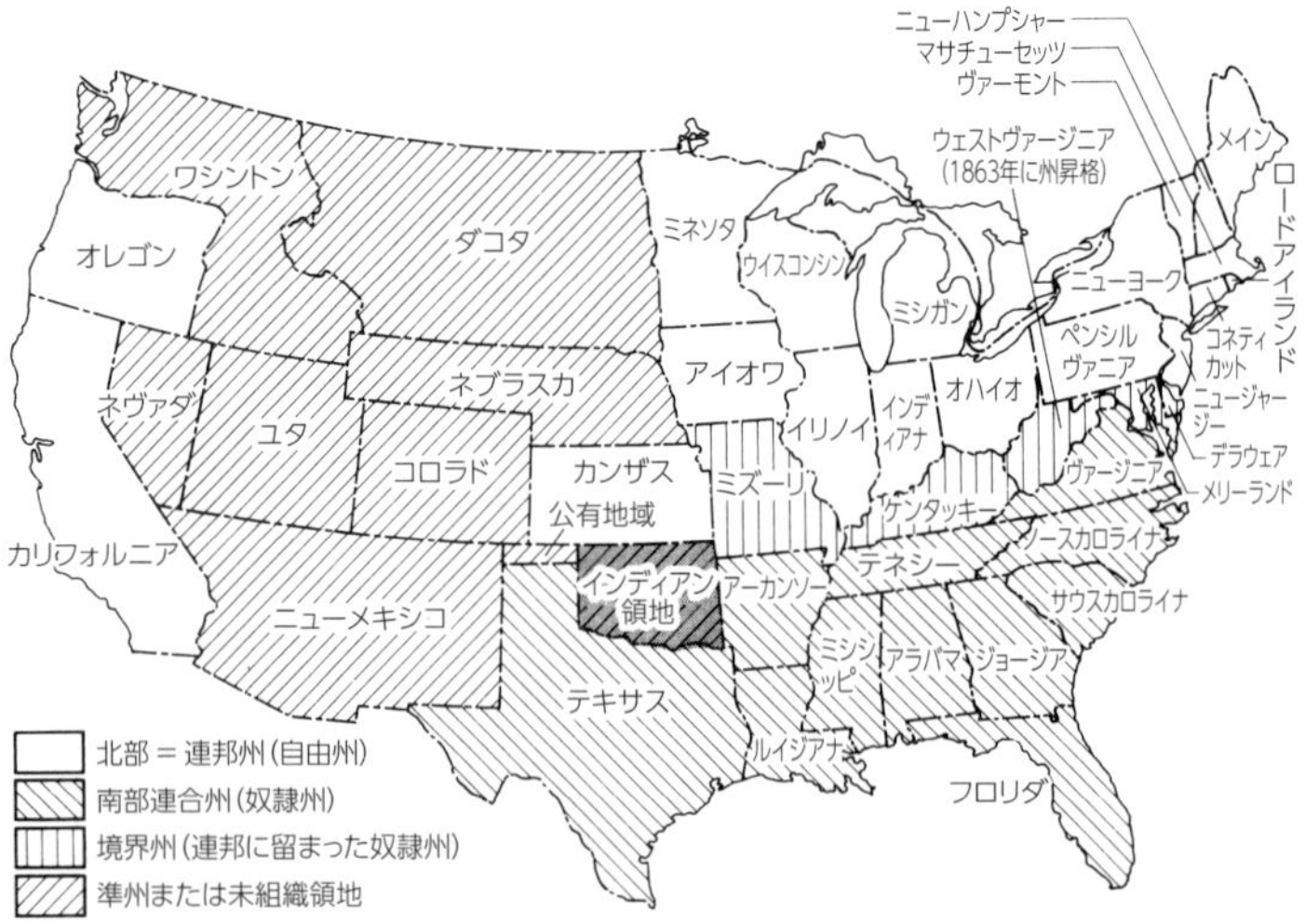

図２－３　南北戦争勃発時の合衆国（1861 年 4 月）

出典：大下・有賀・志邨・平野編，1989 年，300 頁.

媒作用を及ぼし、戦争をもたらした。その理由は、国家が形成され、あるいは再形成されるにつれ、国民国家の目的と価値そのもの、すなわち人々を国民統合へと結びつける政治文化が、まったくの混乱状態になるからであった。

アメリカの南北戦争は、こうしたより広いグローバルな進展のなかのまさに一つのエピソードであった。一八六一年から一八七一年の間に、近代化する責務が、ドイツやイタリア、ロシア、日本、カナダなど、いくつかの他の国民国家を自らで創り出し、あるいはまったく変容させた。しかし、アメリカには一つの主要な相違があった。その規模である。アメリカの近代化のプロジェクトの膨大なさまは、他国のすべてを見劣りさせ、それ以降、より広い世界へのアメリカの関与に重大な結果をもたらすこととなった。

したがって、南北戦争がまたアメリカ人を西部に入植させる主要な推進力となり、単一の国民国家の旗の下に大陸国家を強化したことは、まったくふさわしいことであった。南北戦争は、南部にアメリカの主権を守らせたが、南部人は議会にもはやおらず、拡張主義を複雑にし、それはまた西部で拡張する機会をもたらした。奴隷制の拡大はもはや争点ではなく、議会は、一八六二年のしかるべき時に、ホームステッド法を可決し、ミシシッピ川を越えたの連邦の領土の数百万エーカーを〔一区画一六〇エーカーで〕無償で払い下げた。その目的は、白人のアメリカ人が西部へ入植し、その土地に定住することを奨励することであった。彼らはまずそこへ行き、一度そこへ住みついたら、国家の残りの地域と交流する必要があった。そのため、翌年に大陸間横断鉄道の建設が始まり、それはカルフォルニアと中西部、さらに拡張して、東部の市場とを結びつけることになった。

しかし、ここで再び、アメリカ人は、誰もいない未開の土地へ移動したわけではなかった。アメリカの長く続くインディアン戦争の最終局面が開始されると、南北戦争による西への拡張は、南部での軍事行動と同じく暴力的となることが明らかになった。ほとんど四〇年間近く続く一連の結びついた紛争が一八五七年のユタ戦争で始まり、一八六二年のミネソタでのダコタ戦争、一八六三―一八六五年のコロラド戦争、一八六五―一八七二年のユタでのブラック・ホーク戦争、一八六六―一八六八年のモンタナとワイオミングでのレッドクラウド戦争、一八七六―一八七七年のモンタナとサウス・ダコタでのブラックヒルズ戦争（Great Sioux War）、一八七六年の有名なリトルビックホーンの戦争へと続いた。リトルビックホーンでの陸軍軍人のジョージ・カスターの屈辱を例外として、これらの戦いは、次から次へとアメリカに偏った勝利をもたらし、ほとんどが破壊とアメリカン・インディアンの強制入植へとつながった。なかでも、悪名高い事件は、おそらく一八六四年のサンドクリークの虐殺であるが（現在のカンサスの境界近くのコロラド）、こうした残虐行為は、珍しくなかった。他のより小規模な戦いは、入植者の植民地主義が大陸を横切って解き放たれたために、西部の至るところで猛威をふるった。アメリカ人の農業や採鉱、植林、鉄道会社は、その国家をずっとよりしっかりと結びつけた。アメリカン・インディアン戦争は、インディアンの問題の規制と彼らの事実上の同化のためのプロジェクトを設置した一八八七年のドーズ法とともに終わり始めた。最後の主要な戦争は、一八九〇—一八九一年のサウス・ダコタでのゴースト・ダンス戦争であり、一八九〇年のウンデッド・ニーの虐殺が悪名高い。

南部の南部連合と西部のアメリカン・インディアンに対する国家の統合と統一のためのこれら並行した戦争は、次の最も野心的な拡張主義の試みであるグローバル国家になるための舞台を提供することとなるのであった。

第三章

グローバルなアメリカ

一九世紀の終わりまでに、アメリカは世界の卓越した（preeminent）経済大国となっていた。その産業の生産高は、ヨーロッパの競争相手をしのいでおり、実際のところ、ヨーロッパの生産高のほぼ総額をしのいでいた。その金融セクターは、まもなくイギリスをしのぐ勢いであった。大陸国家のアメリカは、鉄道と電信網の広大なネットワークに統合され、国家の経済的な必要性のほとんどすべてを満たす広大で結束した国内市場を有していた。天然資源と耕地は豊富で、二つの大洋とメキシコ湾の数多くの港は、海外市場への主要な結びつきを与え、アメリカの銀行からの資本へのアクセスは比較的に開かれていた。輸入と輸出は絶え間なく行き来したが、その国家は本質的には経済的に自給自足的であった。

しかし、そうした大きく豊かな国家として、アメリカは、一八九〇年まで奇妙な地位にあった。すなわち、それは経済大国（economic colossus）だが、外交的かつ軍事的には小国（dwarf）であった。ヨーロッパの大国や日本と比較して、アメリカは、比較的に重要ではない行為主体（actor）であった。西半球の外では、アメリカはグローバルな情勢にほとんど影響力を及ぼしていなかった。しかし、こうした事態はすべて、すぐに変化することになる。

もちろん、アメリカは、決して自らの国境線を超えて世界に関わることを躊躇していなかった。状況が許せば、アメリカは、政治的な関わり合いや軍事的な介入を含めて、外の世界に対してますます関与するようになっていた。世界におけるアメリカのプレゼンスがまるで最小限であったわけではなかった。数千人の商人や宣教師、その他の行商人たちが行き交い、海外で生活し、残りの世界に対してアメリカの非公式の大使として仕えていた。世紀の転換点あたりで巨大な割合に達するアメリカへの移民の流れがよりずっと重要であった。これら移民の多くは、新しい家にこれを最後にとどまったが、かなり多くの数の移民が故郷の国へ戻るか、国境を越えてあちこちへ動き続けた。これら数百万人の人々が、本国行きであれ外国行きであれ、アメリカと世界を結びつける橋として役立った。

今ではグローバリゼーションと呼ばれるプロセスが、一九世紀末の数十年の間に加速した。モノやヒト、思想、資本の流れが頻度と強度、範囲で増加し、世界はますます相互に結びついた。グローバリゼーションの中心の地位は、英国海軍とロンドンのシティ、グローバリゼーションのエンジンとしての中部地方と北部地方の巨大な製造業の中心を持つ大英帝国が占め、アメリカは、グローバリゼーションの中心ではなかったが、南北戦争と第一次世界大戦の間の期間に形成された世界規模の結びつきの不可欠な要素となっていた。

一九〇〇年までに、世界は、技術革新のおかげでまったく相互に結びついていたが、ますます相互依存の関係になりつつあった。すなわち、たとえ二つの地域がほとんどそれまで接触を持っていなかったとしても、ある地域で起こったことが別の地域で起こることに影響を与えるような関係である。

たとえば、帝政のロシアが国内のある地方で反ユダヤ人の虐殺を大目に見た時に、ロシア系ユダヤ人に裕福な仕事と避難所の両方を与えることができる唯一の国として、ロシア系ユダヤ人がアメリカに大量に避難し、アメリカの政府高官が特に欲求不満に感じるという事例が典型的である。結果として、アメリカ人は、世界の市民としての彼らの役割にますます気がつくようになった。宣教師の指導者ジョシア・ストロングが言ったように、グローバリゼーションは、「世界全体を近隣とし、あらゆる人を隣人」とした。

一八九八年ととびきり素晴らしいこと

非公式の国境を越えた人々の結びつきは、国際的なパワーの投射と同じことではなく、十九世紀の最後の数年が訪れるまで、アメリカの対外政策は依然として、むしろ平穏なままであった。アメリカの軍事力は、特に多くの人口と大きな経済を有する新興国としては異常に小規模であり、アメリカの対外的な省庁は、素人臭く、人手が足りなかった。こうした国際的な国家の強硬な手段のなさが放置されていた理由は、単純であった。つまり、一八九〇年代まで、アメリカのヨーロッパとアジアへの政治的かつ軍事的な関与は、ほとんど自明ではなく、大陸の自衛のための必要なものは最小限度であり、経済的に国内市場は巨大で、したがって自給自足的であったためである。

こうした安易な自己満足は、スペインの植民地であるキューバで継続する危機によって、突然に消えてなくなった。皮肉にも、アメリカの戸口の踊り場をめぐる論争が、アメリカが真の重要性を持つグローバルな国家になるための条件を生み出したのである。キューバの独立（*Cuba Libre*）の原因は、スペインが特に最悪の時だが、最後の帝国の遺産を保持するのにまだ必死であった一八九〇年代初頭に発生した。戦闘は、一八九五年の冬に勃発した。キューバ人の暴徒が最初勝利したが、彼らは、非戦闘員を強制的に狩り集め、強制収容所（*concentrados*）に隔離する残忍なスペイン人の大規模な反撃に直面した（近代の強制収容所の最初の使用であった）。アメリカでは、こうした非人道的な大惨事に対する抗議は、感情的で金切り声のものであったが、部分的にはそうした残虐行為が新しく見えたためであり（それらは新しくはなかった。米軍はアメリカ・インディアン戦争で同じような残忍な戦術に訴えていた）、その多くがニューヨークへ亡命していたキューバ人の反逆者たちが、アメリカ人の支持を獲得するために世論への心得た訴えかけを行っていたためである。アメリカの新聞、特にニューヨークの悪名高い「イエロー新聞」は、熱心にスペインの残虐行為をセンセーショナルに取り上げた。一八九八年までに、アメリカは、キューバ独立戦争に直接に介入することをますます支持するようになっていた。

ウィリアム・マッキンリー大統領は、彼の時代に流血の惨事を十分に目撃してきた南北戦争の退役軍人であり、キューバへの介入には乗り気ではなかったが、スペインへのアメリカ国民の怒りが高まるにつれ、彼は、ほとんど選択の余地はないと感じていた。彼は一八九八年一月に、悪化する情勢を陸上から監視するために、アメリカの戦艦メイン号をハヴァナ湾へ派遣した。数週間後、メイン号は、停泊中に爆発した。停泊中の偶発的な火事の結果であることがほぼ明らかであったが、イエロー新聞と議会の議員たちは、スペイン人を非難した。マッキンリーは依然として乗り気ではなかったが、彼も長くは抵抗できなかった。クリスティン・ホガンソンが明らかにしているように、この時代、男らしさについての不安は高くなっており、政治家たちは、弱く見られたり、「男らしくない（unmanly）」と見られることを懸念した。議会は、一八九八年四月にスペインに対して宣戦布告を宣言した。

戦闘は、すぐに勃発した。アメリカの海軍がキューバとプエルトリコの港を海上封鎖し、五月には両島のスペインの要地を砲撃した。米軍は、六月にはキューバ、七月にはプエルトルコに上陸し、キューバの反植民地の戦闘員たちに実際に支援され、数週間のうちに両島を支配下に置いた。宣戦布告されてから三カ月のうちに、スペインは、西半球の帝国的な国家としては一掃された。しかし、戦争は、もう一つの主要な舞台があり、それはスペインがまだ植民地を持っていた太平洋であった。宣戦が布告されてまもなく、アメリカの艦隊は、間に合わせの香港の太平洋本部からマニラへと移動し、スペインの艦隊を徹底的に打ち破った。アメリカの海軍は、反スペインのフィリピン独立運動の亡命指導者のエミリオ・アギナルドを連れてきた。彼は、マニラに入り、彼の勢力をかき集め、フィリピンの独立を宣言した。アギナルドの軍は、六月から七月の一連の戦闘でスペイン軍を打ち破り、八月には米軍がフィリピンの首都マニラに侵略した。

もっともな理由から、ジョン・ヘイ国務長官は、アメリカ・スペイン戦争をアメリカにとって「素晴らしい小さな戦争（a splendid little war）」と呼んだ。百日以内で、アメリカは、二つの大洋横断の前線を横切って広がる二つの異なる舞台でヨーロッパの植民地国家を徹底的に打ち破った。アメリカ人の戦闘での死傷者は、三百人以下とわずかであった。南北戦争の殺戮がまだ生きた記憶であったため、このことは、大国としての地位がかなり容易に転がり込んできたことを多くのアメリカ人たちに確信させた。マドリードとワシントンの間で十二月に締結されたパリ条約の結果、キューバの独立、フィリピンとグアム、プエルトルコの主権のアメリカへの移譲が認められ、スペインには代わりに二〇〇〇万ドルが支払われた。

一八九八年の戦いは、アメリカがグローバルな政治的かつ軍事的な国家となるであろうこと、その二つの最も重要な勢力圏が、北アメリカ大陸は別として、カリブ海と太平洋となるであろうことを明らかに示した。このグローバリゼーションの最初の時代に、海の地帯に焦点が絞られたことは、偶然の一致ではなかった。アメリカの戦略家たちは、二つの決定的な海に向かう北アメリカへのアプローチに集中していた。すなわち、もし彼らがそれらのアプローチを支配することができたとしたら、アメリカの安全保障と繁栄は保証されるであろうし、アメリカの艦船は、商業の上でも海軍にとっても、ヨーロッパとアジア、アフリカへと容易に浸透できるであろうからであった（図3－1）。

アルフレッド・セイヤー・マハンは、目立たない軍務の海軍大佐だが、膨大な知識と知性の持ち主として、こうした新しい計画への戦略的な理論的根拠を提供した。歴史上の真の大国は、海で強力であった、とマハンは論じた。海の国家はまた、民主主義に貢献したという。というのも、海の国家は、国家が海軍力を増強し、商業上の海洋支配力を強化するように導き、そのことは貿易を促進するからである。これに対して、大規模な陸軍を維持することは、国内では権威主義的な政治権力の潜在的な源となりうる。仮想敵国に対する安全保障、二つの大洋と世界の大きな海の一つに面した長い海岸線、共和的な政治的伝統を持ち、アメリカは、ものすごい力を持つ海の国家となることに理想的に適しているという。アメリカのキューバとフィリピンの支配は、マハンの構想の実現に向けた長い道のりの

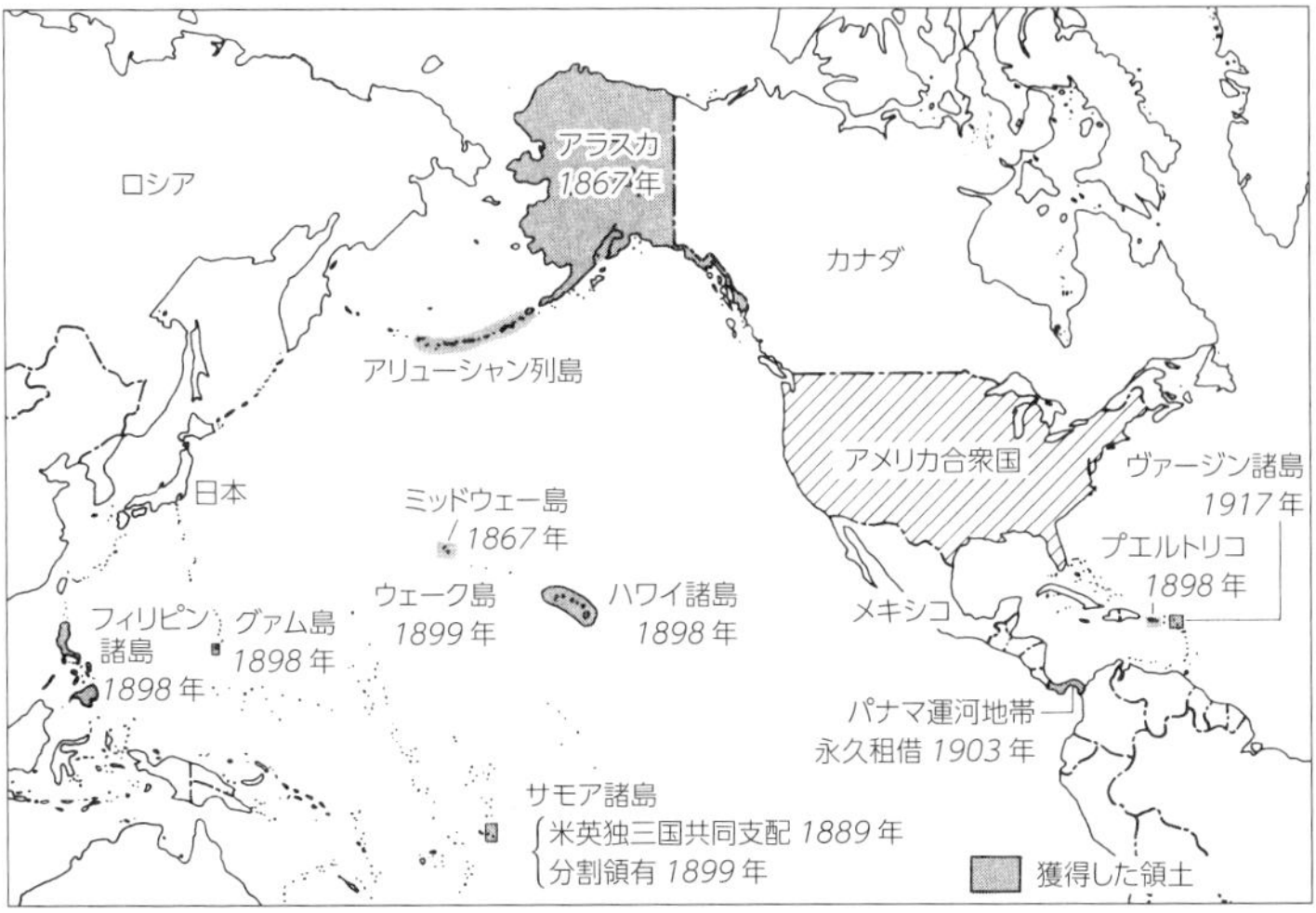

図3-1　海外領土の獲得（1917年まで）

出典：大下・有賀・志邨・平野編，1989年，299頁.

第一歩であった。

しかし、一八九八年の戦争は、他者にとってほとんど「素晴らしい」ものではなかった。恥ずかしい思いをしていたスペイン人にとっては、もちろん、まったくの大惨事であったが、その影響は、勝者であるはずの二つの勢力にとってもまったく有益ではなかった。キューバとフィリピンの自由のための闘士たちにとっては、戦争の結果は、せいぜいほろ苦いものであった。というのも、彼らの国家独立のための闘争は、ただ別の形態の植民地支配という結果に終わったからである。このことは、アメリカに「併合された」フィリピンにとって正式にあてはまるが、キューバにとっても事実上あてはまるのであった。キューバは、独立したが、名前以外はアメリカによって支配され、統治されたからである。反植民地の独立の表現としてのキューバ独立は、一八九八年になくしておくべきものであった。代わりに、それは将来の世代のキューバ人にとってのスローガンとなり、アメリカ人を含めて関与するあらゆる人たちにとって不利益な効果を持った。

アギナルドと彼の勢力は、真に自己統治するフィリピン人という彼の目標が達成できなくなると、新たな反植民地の反乱を始めたが、今回は彼のかつての同盟であるアメリカに対する反乱であった。フィリピン・アメリカ戦争は、フィリピン人は独立が認められないことが明らかになった直後の一八九九年に勃発した。アギナルドは、一九〇一年に捕虜となり、たとえ反乱が彼の指導力がなくとも継続したとしても、それは翌年には小さくなってなくなった（抵抗運動の資力は数年間、継続したが）。

フィリピンでの戦争は、たいてい忘れられてしまうのだが、三つの理由からアメリカ外交史で決定的な分水嶺となっている。第一に、それは、米軍が次の世紀も超えて戦っていくことになる対ゲリラ戦の多くの「小規模な戦争（small war）」の最初であった。軍事技術と重兵器、海軍力で、アギナルドの兵力は、アメリカにまったく太刀打ちできなかった。そのためアギナルドの軍は、一見すると弱体な多くの軍隊が行うことを行った。つまり、いかにその攻撃は控えめなものであろうと、自分たちの強みをいかしたのである。アギナルドは、地方の民衆の支持は言うまでもなく、奇襲や機動力に依拠した反乱を立ち上げた。このことは、米軍を彼らの強さに依拠するようにかり立てた。つまり、火力である。結果は、事実上の勝利、あるいは少なくとも反植民地の抵抗運動の鎮圧だが、四千人以上の米軍の死傷者と、その過半数は民間人であったが、少なくとも二五万人のフィリピン人の命が犠牲となった。この戦争は、激しい論争となったが、一つは、多くのアメリカ人たちが帝国のための戦争を許容できなかったためである。彼ら自身の国家が、そもそも反植民地の反乱で生まれたのであった。もう一つには、多くのアメリカ人が、米軍が反乱を鎮圧しようとして使った残忍な戦術にぞっとしたためであった。最も悪名高いのが、いわゆる「水責め」であり、口を割るか、胃袋が破裂するまで、捕虜としたナショナリストの兵士に一度に大量の水を飲ませる拷問である。国内の戦争反対者たちは、反帝国主義連盟（Anti-Imperialist League）を結成し、抗議や請願を組織化して、議会で公聴会を開いた。

第二に、この戦争は、アメリカのアジアへの最初の深刻な進出であった。その後、アメリカは、日本に対して、また朝鮮とヴェトナムで三つのよりずっと大規模な戦争を戦った。その後もまだ、アメリカの最も長い戦争がアフガニスタンとイラクで戦われている〔米軍は二〇二一年八月三〇日までにアフガニスタンから撤退した。また米軍は一二月九日、イラクの駐留米軍による戦闘任務を完了したと発表した。過激派組織「イスラーム国」（IS）掃討のため、米軍を二〇一四年に再派遣して以来の分岐点となった〕。これら五つの戦争は、それぞれ独自のやり方だが、特に累積的にアメリカの軍事史だけではなく、大規模にアメリカ史を形成した。もしアメリカの「アジアの世紀」が起源を持つとしたら、それはフィリピンにおいてであった。戦争のさなか、ヘイ国務長官は、一八九九年と一九〇〇年の門戸開放（open door）通牒を発し、競争相手の大国に対して、中国を植民地化しないことや、対外貿易に対して中国市場を閉鎖しないことを警告した。東アジアに対して門戸を開放しておくことが、今でも主要なアメリカの目的のままとなっている。

第三に、フィリピン戦争は、世界中で理想を促進することについてのアメリカの一様でない記録で主要な接合点の一つを表していた。すべての強力な国家は、理想を掲げることで自らの力の押しつけを（しばしば心から）正当化するが、ほとんどの国家は、アメリカほどには道義や価値観を広げることに関与してこなかった。長い間、アメリカの価値観を固守することは、残りの世界から距離を置くことを意味したが、もちろん、それは孤立によってではなく、他者を変えるための対外的な十字軍に乗り出さないことによってであった〔「自由国のたいまつを持って世界を照らすのみ」〕。一九世紀の最後の数十年でグローバリゼーションが到来し、アメリカの世界観は変化し始めた。モンロー・ドクトリンのように、世界を別個の勢力圏へと切り離して考えることはもはや不可能であるように思われた。そのため、もしアメリカ人が世界に埋め込まれる（embedded）ようになるのであれば、アメリカ人は自らの価値観を促進することによってそうするであろうと考えられたのである。「民族自決（national self-determination）」と呼ばれるものがすぐに現れて、彼らの理想のうち最も大事にされるものの一つとなるが、それはある程度、何がアメリカ人をまず第一にキューバとフィリピンの反植民地の原因に引きつけたのかを説明する上で役に立つ。しかし、戦争の結果はまた、理想が国益や人種の偏見と直接に衝突した時に、理想の限界を明らかにした。たとえば、マッキンリーは、フィリピン人には自治・民主政治（self-government）が不可能だと信じていたし、もし彼がフィリピンを手に入れなければ、別の大国が（まずドイツだが、イギリスやフランス、日本かもしれない）、自らのためにフィリピンを獲得しようとするであろうと信じていた。アメリカン・インディアンは、他者の自治（self-rules）を尊重するという約束に対するアメリカ人の不完全な支持について十分によく知っていたが、このダイナミックな海外でのそうした事例の最初として、キューバとフィリピンの事例は、アメリカの政治的手腕のなかで新たな逸脱を表していた。しかし、それらは最後の事例とはならないのであった。

世界戦争のなかのアメリカ

戦争がアメリカにとってますます活動家の世界での役割を活気づけた。グローバリゼーションが深化するにつれ、アメリカの国際的な役割は拡大した。たしかに、アメリカへの国際的な影響力には限界があった。アメリカは経済的に自給自足的で、大国の間では比類なく、食糧と原料のための輸入にも、経済的な生計のための輸出にも依存していなかった。しかし、このことは、アメリカが世界の政治的、軍事的、文化的、経済的な情勢へと以前よりもより不意に口をさしはさむことを止めることにはつながらなかった。

一八五八年には、最初の大西洋間の海底ケーブルがアメリカとヨーロッパが事実上、即座に意思伝達することを可能とした。一八六九年には、スエズ運河が地中海と紅海を結びつけ、船舶がアフリカをはるばると回って行き来することなしに太平洋とインド洋の間を相対的により容易に通過することを可能とした。一九〇三年から一九一四年までの間には、アメリカは、パナマ運河を建設することによってこのフランスの偉業を模倣し、本質的に地球の周りを回る大陸間の大洋横断の運河を完成させた。アメリカ（一八六九年）、カナダ（一八八五年）、ロシア（一九一六年）に広がる大陸間鉄道が世界の旅行と貿易をよりずっとしっかりと結んだ。船舶と鉄道の結びつきはまた、農場が生産物を広範囲にわたる市場に届けることを可能にするにつれ、農業の拡大を可能とした。第一次世界大戦の前に世界の金融の拠点であったロンドンのシティは、アメリカのこうした発展の資金調達に貢献したが、資本はまた、ボストンやサンフランシスコの銀行と同様、ウォールストリートからも絶え間なくもたらされた。

アメリカ人は、ただグローバリゼーションを形成することを助けただけではなく、グローバリゼーションによって深く形成された。言うまでもなく、「マシーンの時代」として知られる一九世紀後半から二〇世紀初頭にかけての先例のない産業のにわか景気は、アメリカの工場の労働者のための需要が上昇することにつながった。母国での貧困と宗教的な抑圧に後押しされて、おおよそ二〇〇〇万人の「新移民」が南ヨーロッパや東ヨーロッパからアメリカへ押し寄せた。「新しい」のは、彼らがそれまで多くの移民をアメリカへ送り込んでこなかった国々から押し寄せ、それまでアメリカの社会で重要なプレゼンスを持っていなかった言語（イタリア語、ポーランド語、ギリシャ語、スウェーデン語、ノルウェー語、ロシア語、イディッシュ語、中国語、日本語その他）と宗教（カトリック、ギリシャ正教、ルター主義、ユダヤ教正統派、仏教、儒教）を持ち込んだためである。彼らは、母国との政治的な結びつきを維持し、その過程でアメリカの対外政策の責任を拡大した。

開放性に基づいた国際システムの原則を確立した門戸開放通牒に続いて、アメリカはまた、国際レベルの戦争と外交でより行動的な役割を担い始めた。たとえば、一九〇五年には、セオドア・ローズヴェルト大統領が日露戦争の終結を仲介した。マハンの戦略の継承者であるローズヴェルトはまた、野心的な海軍建設計画に乗り出し、〔主に日本を牽制するために〕一九〇七年から一九〇八年にかけてグレート・ホワイト・フリートが世界一周航海を行った。彼の継承者であるウィリアム・ハワード・タフトは、「ドル外交」で海と商業のパワーを結びつけるこうした趨勢を継承した。ドル外交によって、アメリカ政府は、他国の発展に影響を与えるために民間の財閥と組んで（たとえば、中国での鉄道建設）、アメリカの対外政策により大きな国際的影響力をもたらした。ドル外交は、短期的にはよくない結果しかもたらさなかったが、それはアメリカの対外政策決定者たちが自国の成長する経済力を動員する方法を明らかにしていた。

ヨーロッパでの第一次世界大戦の前夜までに、アメリカは、計り知れないほど強力な国家となっていた。その産業経済は、ヨーロッパの産業経済のすべてを超えて、金融資産は、イギリスに次いで第二位であった。一八八〇年代には依然として小規模であったその軍事力も、特に海軍力でより強力となっていた。さらに、アメリカの産業と金融の力が思いのままに軍事能力を拡大させることをアメリカに可能にさせることは明らかであった。一九一四年に、アメリカは、世界の卓越した（preeminent）大国ではなかったが（イギリスが依然としてその栄誉を保持していて、ドイツとフランスがぴったりと追いかけ、ロシアと日本が続いていた）、グローバルに最も強力な国家の一つで、アメリカ大陸では支配的であった。

一九一四年夏の戦争の勃発は、思いがけなくすべてのこうした趨勢を加速させた。すなわち、戦争は、ヨーロッパの力の崩壊をもたらし、アメリカの力が幾何級数的に成長する条件を作り出したのである。ベルギーとフランスの塹壕から、北イタリアの最前線、ドイツとロシアの間の東部戦線の恐ろしい状況、トルコと中東でのオスマン帝国の支配に対する戦いまで、戦争は、物理的かつ経済的、心理的にヨーロッパを荒廃させた。しかし、アメリカは対照的に成功した。戦時下の国家が自国で製造できない財を絶望的と言っていいほど必要としていたため、アメリカの低コストと高性能の財が疑いなく求められ、特にイギリスとフランスの連合国だが〔英仏露の三国協商は参戦後、「連合国」と名称を変えていた」、ヨーロッパとの貿易は、にわかに活気づいた。戦争が彼らが予測していたよりも長引き、ずっとよりコストがかさんだため、イギリスとフランスは、アメリカの銀行から莫大な資金を借り、一九一六年にはニューヨークがグローバルな金融の拠点としてロンドンをついにしのいだ。

アメリカは、一九一四年に戦闘が勃発した時に、正式に中立を維持したため、特権的な地位を享受した。ウッドロー・ウィルソン大統領は、国家を戦争から遠ざけておくことを決意していた。アメリカは、「名目上も事実上も中立」でなければならず、「行動でも思想でも偏らない」必要がある、とウィルソンは言った。彼は、一九一七年四月までそうすることができた。このことは現実にそれほど困難なことではなかった。唯一の戦争の支持者は、セオドア・ローズヴェルト元大統領によって導かれた共和党のエリートの影響力はあるが、小規模な指導者たちだけであった。その一方で、多くのアメリカ人は、介入に反対していた。彼らの間には、カトリック教会、事実上すべてのプロテスタントの宗派、数百万人のドイツ系アメリカ人とアイリッシュ系アメリカ人のヒエラルキーが存在しており、彼らの多くが民主党に投票した。後知恵で、イギリスとフランスとの反ドイツの同盟は、正常に見え、自然でさえあったが、一九一四年にはそれは少しもそうではなかった。実際のところ、歴史家たちにとっての難問は、なぜアメリカが戦争に参加するのにそれほど時間がかかったのかではなく、なぜアメリカが戦争に参戦したかである。

ウィルソンの中立への訴えは、立派な心情であったが、アメリカの行動の結果は、ほとんど偏っていなかったわけではなかった。すなわち、構想もないまま、アメリカは、連合国支持の方向へと傾いていたのであった。この意図せざる政策の矛盾は、アメリカ人が双方の同盟にモノを売りたがっており、ウィルソンが彼らがそうすることを止めさせたがらないことから起こっていた。彼の厳格な中立の主張は、戦時下のヨーロッパへのアメリカの輸出に何ら制限がないことを意味していた。しかし、そのような政策は連合国に有利に働いた。アメリカが中立していた時期、英国海軍がドイツへの輸出をふさいでおり、イギリスとフランスへの大西洋の間の商業船を保護していた。結果として、連合国へのアメリカの輸出は、ドイツへの輸出をしのいだ。正式には中立だが、アメリカは、故意ではなく、連合国の戦争努力の一端を担っていた。

ドイツは、潜水艦攻撃という唯一の手段で対応した。ドイツのUボートは、連合国の戦争努力を支えていた大西洋間の船舶とその船舶を保護していた英国海軍のプレゼンスに対して破壊的に効果的な兵器であることを証明した。アメリカの船舶は、正式に中立であり、それらは何よりもまず非戦闘員であったため、Uボートは、非戦闘員の死傷者を出していた。一九一五年五月に、そうした事件のうち最も劇的な事件が起こった。Uボートから発射された魚雷がイギリスの客船ルシタニア号を沈め、一二八名のアメリカ人を含む約一二〇〇名の民間人の死者を出したのである。ウィルソンは、ドイツに対して、Uボート作戦を停止する旨の最後通牒で応じた。最後通牒は、機能したが、もしドイツが潜水艦攻撃を再開したら、ウィルソンには中立をあきらめる以外にほとんど選択肢がないのであった。こうした理由から、介入に激しく反対するウィリアム・ジェニングス・ブライアン国務長官は、辞任した。

ウィルソンは一九一六年に、アメリカを戦争から遠ざけてきたという実績で再選のための選挙活動を行ったが、彼の中立政策は一九一七年冬にその応報に直面した。その運命を決する年が始まると、彼は、「勝利なき平和」を呼びかけたが、これは、それまで三年間を無駄に戦ってきたことを受け入れることを拒否する戦争中の国家にとって擁護できないものであった。つまり、すべての交戦国が平和を望んだが、彼らは、彼ら自身にとっての勝利とともに平和を望んだのである。イギリスの諜報機関が、ドイツの外相アーサー・ジマーマンからメキシコ・シティの政府への秘密電報を傍受し、すぐにアメリカの新聞にリークした。その内容は、もしアメリカが戦争に参加した場合、メキシコがアメリカを縛りつけておくよう支援する見返りに、一八四六年の戦争でメキシコからアメリカへ併合された領土を回復することを手助けすることを約束するものであった。ドイツはすでに二月初頭に無制限のUボート攻撃を再開するという運命を決する決定を下していたので、ジマーマンは、アメリカの介入を心配していた。アメリカは、まさにドイツとの戦争を支持する方向へ世論を傾けようとしていたので、ドイツがアメリカの反応を心配するのはもっともなことであった。アメリカの参戦は今や、多かれ少なかれ不可避であった。最後の障害が三月に取り除かれた。アメリカで嫌われていたロシアの皇帝（czar）がリベラルで親西欧の革命によって退位させられたのである〔三月革命〕。このことは、独裁のロシア帝政の側に立って戦うのか否かという厄介なディレンマからウィルソンを解放した。

四月二日、ウィルソンは、ドイツに対する宣戦布告を要請するために、ホワイトハウスからキャピトル・ヒルまでおごそかに歩いた。二日後に議会はこれに応じ、それによって、アメリカは、大いなる戦争（Great War〔第一次世界大戦〕）へ参戦した。

ウィルソンの革命

アメリカは、典型的に、独自の条件で戦争に参戦した。ウィルソンは、主要な行動原理にすぐにしたがった。単独主義である（ウィルソン自身はその言葉は使わなかったが）。このことは、彼の国家がどれだけの血と財産を投じてヨーロッパの問題を解決することに関与しようとしているのかを考えると、理解できることであった。もしアメリカが戦争に参戦するとしたら、アメリカは独自の条件でそうするであろうことは明らかであった。イギリスとフランスがアメリカの助けをどれだけ欲しくてたまらなかったかを考えると、アメリカはまたそつがなかった。アメリカは、イギリスとフランスの側に立って戦うが、彼らの同盟には加わらないであろう、とウィルソンは説明した。アメリカは、同盟の一員ではなく、代わりに、「提携者（associate）」であった。このことは、アメリカがイギリスやフランスが必ずしも共有していない自らの目的のために戦争を戦うということを意味した。より初期の世代のアメリカの政治家ならば、こうしたアプローチを認めたであろう。

しかし、彼らはウィルソンの構想の残りの部分をほとんど理解していなかったであろうと思われる。というのも、彼がアメリカを戦争に参戦させた条件は、革命でしか実現できないものであったからである。ヨーロッパの戦争に直接に介入することによって、ウィルソンは、ワシントンとジェファソンが一世紀以上前に設計したもつれた関係を結ばないという伝統からも、またモンロー・ドクトリンが設定した分離された半球という伝統からも、決定的に急激な変化をもたらした。ウィルソンは、アメリカがまさに中心で関与する世界に作り替えようとした。そうすることによって、彼はアメリカを世界政治でまったく新しい方向へと向かわせようとした。この時から、アメリカは、ただ役割を担うのではなく、際立つ役割を担うと想定された。

ウィルソンは、一九一八年一月に議会の特別両院合同会議への特別演説で要点が述べられた一四ヵ条の平和原則で特に言おうとしたことを説明した。その要点の多くは、特定の国境紛争などに関わるものであったが、ウィルソンの一四ヵ条の演説は、アメリカ外交史のなかで最も重要なものの一つと正しくみなされている。なぜなら、それは、わずかな例外はあるが、世界のなかのアメリカにとっての基礎を提供する主要な行動原理のまったく新しい組み合わせを確立したからである。

この構想は、さまざまな名前で知られているが、最も一般的には「リベラルな国際主義」、あるいは、その先見性のある人物に敬意を表して、「ウィルソン主義（Wilsonianism）」と呼ばれる。どちらの用語も当時は使われていなかったが、どちらの用語もウィルソンの戦争目的を形成した世界観を反映していた。国際主義は、それが世界をただ相互に結びついているだけでなく、相互に依存しているとみなした点で、広くゆき渡っていた単独主義の対外政策とは異なっていた。ある国家で起こったことが、重要で直接的な効果をもって、他の国家にとって重要となる。したがって、国際主義者たちは、大国は特に平和と繁栄をもたらすため、円滑に機能する世界秩序を維持することを手助けする上で偉大な責務を担っていると信じていた。アメリカが大国であるならば、アメリカは大国のように振る舞い、文明の教義を支持する必要がある。文明化された世界秩序の基礎は、民族自決（ウィルソンは「自治の発展（autonomous development）」と呼んでいたが）と民主主義、国際機関の神聖な三つ揃いで強化されるであろう。その神聖な三つ揃いの下に、その当時のアメリカ人が高く評価した国際的な開放性の他の原理、すなわち、貿易への平等なアクセスと航行の自由、軍縮が存在した。秘密条約に代わって、ウィルソンは、「公に実現する開かれた平和の盟約（open covenants of peace, openly arrived at）」を要求した。文明化された世界秩序を伝統的に守護する存在は、その当時までフランスと（特に）イギリスの偉大なリベラルな大国であったが、一九一七年までに、主要な義務はアメリカの肩にかかっていることはウィルソンにとって明白であった。

当時の観察者たちは、ウィルソンを耐えられないほど道義的であるとみなし、一四ヵ条の平和原則をぼんやりとした理想主義だとして退けた。フランスの外相ジョルジュ・クレマンソーは、「モーゼは、十戒で満足したが、ウィルソンは一四も要求した」と冗談を言ったと伝えられている。歴史家たちもそれ以来、ウィルソンの「理想主義」への非難へ加担してきた。ウィルソンは、たしかに構想を持っていたし、その上、革命的な構想を持っていたが、非現実主義的な理想主義ではなかった。歴史家のジョン・A・トンプソンが思い出させてくれるように、彼は、大統領を二期務める前にニュージャージー州の知事も務めた成功した政治家であり、あらゆる成功した政治家たちと同じく、抜け目のないプラグマティスト（hard-headed pragmatist）であった。十四ヵ条の平和原則を見てみよう。それらのなかでおそらく最も理想主義的な点は、実際、ウィルソン（と当時の多くの人々）が一九一四年の戦争の最初の原因とみなしたものへの直接の反応であった。たとえば、民族自決は、バルカン半島で導火線に火をつけた外国からの支配に対する地方の反乱の発生を食い止めたであろう。航行の自由は、大西洋でのドイツのUボートによる攻撃のような中立国の船舶への攻撃を食い止めただろう。開かれた盟約や国際連盟は、熟慮した時でさえ国家に戦争することを約束させたセルヴィアとロシアの間やドイツとオーストリア＝ハンガリーの間のような秘密の同盟や防御的な条約の機先を制したであろう。国際連盟はまた、議題に上っておらず、胸にわだかまるまま放っておかれたら、戦争につながりかねない緊張を議論したり、解決するための折衷案を提供したであろう。

ウィルソンの構想は、理想主義のそれではなかった。歴史家のアーサー・リンクがかつて「より高次元の現実主義（higher realism）」と呼んだものであった。ウィルソンは、それらの目的を理想的な意図の抽象的な原理として追求したわけではなかった。代わりに、それらは、特定の関心事に取り組むために考案された特定の戦術であった。そうすることによって、うまくいけばよりよい世界が生み出されるであろうが、ウィルソンの最も重要な目的は、相互依存の世界でアメリカの利益を保護することであった。それは、アメリカ人がもはや対外的な関与を避けることができない世界であった。ウィルソンは、ドイツとの戦争を宣戦布告するよう議会に要請した一九一七年四月に、「世界は民主主義にとって安全でなければならない」と強く主張した。これは、信心ぶったように聞こえるが、実際には抜け目のない政治的手腕に基づいたものであった。というのも、世界を民主主義のために安全にすることはまた、世界で最も大きな民主主義であるアメリカにとって世界を安全にすることであったであろうからである。もし世界秩序がリベラルな民主主義の条件で再構築されたならば、それは世界のアメリカ化に他ならなかったであろう。

しかし、それが理想主義であったにせよ、現実主義であったにせよ、それとも両者の微妙な結びつきであったにせよ、ウィルソンの構想は、白人のキリスト教のヨーロッパが及ぶ範囲にのみ適用されるものであった。エレズ・マネラが明らかにしたように、ヴェトナムやインドその他の反植民地のナショナリストたちは、ウィルソンの民主主義と自決の要求がヨーロッパの無秩序に広がった植民地帝国には適用されないということを残念ながら悟るのであった。部分的にこれは、ウィルソンがやる気がないイギリスとフランスに脱植民地化させようとほとんど強制しなかったためであるが、ウィルソン自身の偏見も反映していた。たとえば、彼は、フィリピン人やキューバ人に独立を与えようとはしなかった。また、彼はメキシコを（二度）侵略した。彼は、ドミニカ共和国とニカラグア、ハイチの軍事占領を監督した。さらに国内では、南部でジム・クロウ（Jim Crow）制度を課すことを支持し、連邦職員の人種的な隔離に着手した。ウィルソンの国際主義は、決して真に普遍的でもなければ、一貫して適用されたわけでもなかったが、主要な国家の対外政策は、ほとんどそうである。

アメリカの戦争への介入は、決定的であることが証明されたが、当初は決定的ではなかった。アメリカの軍事力は、追いつくためにすべきことがたくさんあった。過去三年間、生き残りのための戦争にすでに巻き込まれていたヨーロッパの大規模な軍隊と比較して、アメリカの軍隊は、小規模で装備も不足しており、訓練もほどこされていなかった。したがって、ウィルソンは、軍隊を迅速に招集する必要があった。翌年にかけての兵力の増強は、アメリカの産業がすでに最高の状態に入っており、軍需品をイギリスとフランスのために製造していたという事実にも助けられて、印象的なものであった。アメリカ外征軍（American Expeditionary Force: AEF）の小規模な兵士たちが、一九一七年夏にフランスに到着し始めていた。百万以上の大軍がそれに続いたが、それは翌年の春のことであった。しかし、心理的に、アメリカの参戦は、戦争の力学を変化させた。というのも、これらＡＥＦの最初の波には、繰り返される兵士たちの波が続いたからである。一九一八年の戦闘における彼らの貢献は重要であり、ベローウッドやシャトー・ティエリ、サン・ミエルでの連合国側の主要な勝利に著しく貢献した。一九一八年一一月一一日に、ムーズ・アルゴンヌの戦いはまだ継続中であったが、ドイツは講和を求めてきた。こうして、大いなる戦争は終わった。

しかし、ドイツは、連合国に降伏するのに慎重であった。代わりに、ウィルソンが望んだように、彼らは、十四ヵ条の平和原則の条件の下でアメリカに降伏した。このことは、ベルリンの観点からは重要であった。というのも、ウィルソンは、戦利品として領土の征服を拒絶していたからである。しかし、そのことは、ロンドンやパリの視点からはほとんど重要ではなかった。なぜなら、ロンドンやパリの政治家たちはすでに、ドイツ帝国やオスマン・トルコ帝国を分配することを秘密裡に決めていたからである（たとえば、悪名高き一九一六年のサイクス・ピコ協定は、中東をイギリスとフランスの保護領へ分割することを取り決めていた）。こうした戦勝国の間の視点の相違は、よい未来を予言していなかった。

ドイツの敗北の条件を取り決める講和会議は、一九一九年の最初の六カ月にパリで開催された。ウィルソンは、ここでも伝統を捨てて、彼自身が交渉を監督するためにパリへと海を渡り、在任中にヨーロッパを訪問したはじめての大統領となり、外国の指導者たちと首脳会談を開催したはじめての大統領となった。しかし、彼は共和党の指導者を誰も同伴させなかったため、彼がいかなる取り引きを結ぶにせよ、後日、国内が党派ラインに沿って深刻に分断されるであろうことは確実であった。

それらの最後の条件は、ふさわしいことにヴェルサイユ宮殿の鏡の間で署名されたが、ウィルソン主義と連合国のより伝統的な政治的手腕との間の不完全な妥協の産物であった。ドイツは、フランスとイギリスに賠償金を支払うことになり、その領土のいくつかを新たに独立したポーランドとチェコスロヴァキアに割譲することとなった。戦争はまた、戦争で団結していた三つの帝国を崩壊させることとなった。すなわち、ドイツ帝国とオーストリア・ハンガリー帝国、オスマン・トルコ帝国である。オーストリア・ハンガリー帝国とオスマン・トルコ帝国は、近代初期の時代から大国の地位を占めていたが、ドイツ帝国とともに存在しなくなった。

戦争はまた、その運命はサンクト・ペテルブルグの通りで決められていたが、もう一つの偉大な帝国であるロシア帝国の崩壊の原因ともなった。三月のメンシェヴィキのリベラルな革命は、ロシア人を鼓舞させることに失敗し、ニコラス二世皇帝よりもよりよく戦争を戦うことにも失敗した。不安定さが高まり、よりラディカルなボリシェヴィキが好機をつかみ、一〇月に権力を握った〔一〇月革命〕。ロシアは、新たにソヴィエト連邦〔ソ連〕と命名され、世界ではじめての共産主義の国家となった。ソ連は、世界秩序の基礎として、アメリカとはっきりと異なった実際に競争相手となる国際主義を提供した。その国際主義は、非リベラルで、個人の自由や自由経済というよりも、集合的な正義と指令経済に基づいたものであった。このことはまた、アメリカにとっても重大な進展であった。というのも、ソ連主導の共産主義とアメリカ主導の資本主義の競合する世界観の間の対立は、ロシアの内戦へのアメリカの介入で幕を開けたが、続く七〇年間の国際政治を定義するのであった。

ウィルソンは、共産主義の出現を心配していたが、彼にとって最も重要な戦後の進展は、ヴェルサイユ条約の中心である国際連盟であった。国際連盟は、世界ではじめての常設の国際機関であり、平和活動家たちが数十年間、その設立のために運動を起こしてきた制度であった。一八三五年に、詩人の〔アルフレッド・〕テニスンが、「陣太鼓は鳴り止み、戦旗はたたまれる／人類の議会、世界の連邦は生まれる」日を予見していた。そしてその日が訪れようとしていた。

国際連盟は、いくつかの重要な原理を正式に述べており、そのなかには集団安全保障や国際問題の開かれた審議が含まれていた。しかし、それは、逆説的だが、二つの致命的な欠点に苦しむことになる。すなわち、それはあまりに弱すぎ、同時にあまりに強すぎるのであった。その弱さは、国際連盟の決定のために強制力のメカニズムが欠如していたことから派生した。たとえば、もしある国家が別の国家を侵略したとしたら、明らかな国際法違反だが、国際連盟は、攻撃国を罰する自動的な手段を何ら持たないのであった。対照的に、国際連盟はまた同時に、あまりに強すぎた。設立盟約の第一〇条によれば、国際連盟の決定は、すべての加盟国に拘束力があることになっていた。したがって、その決定は、アメリカ合衆国憲法を含めた、その加盟国の国内法より優先されるものであった。たとえ第一〇条の言い回しがいくらか柔軟性の余地を残していたとしても、このことは、それがアメリカで効力を持つのであれば、ウィルソンの署名を批准する必要があるたいていの共和党の上院議員たちにとっては行きすぎであった。そのため、彼らは、国際連盟の盟約の第一〇条がアメリカ合衆国憲法の第一条の第八項に取って代わるように思われる限り、批准することを拒否した。上院は、ごく僅差でヴェルサイユ条約を批准することを拒否し、それによって、アメリカは、世界政治での指導的な役割を放棄したのである。

第四章

アメリカの世紀？

ヘンリー・ルースほど、グローバリズムへのアメリカの躍進の本質をうまく捉えた人物はほとんどいない。『タイム』誌や『ライフ』誌など、国内で最も影響力のある雑誌のいくつかの創設者として、ルースは、アメリカが自らの周囲の世界を解釈するやり方にきわめて大きな影響を及ぼした。成功したビジネスマンとして、彼は、アメリカ経済で優位を占めるようになっていた消費資本主義の性質に精通していた。中国で生まれながら、アメリカで教育を受けた宣教師の息子として、彼は、アメリカのグローバルな視点の持ち主の典型であった。

しかし、一九四一年の冬までに、ルースは彼自身、自らの国家の状況にますます失望していた。アメリカは、大いなる戦争（Great War〔第一次世界大戦〕）の後のリーダーシップへの要請をはねつけ、残りの世界は、その代償を支払っていた。フランスと西ヨーロッパの多くがナチの占領下になり、イギリスへ戦争の必需品を効果的に提供することになる武器貸与法案を議会は審議していた。この瞬間、ルースのような国際主義者たちが西側文明の生き残りに肝要だ（pivotal）と見た武器貸与の運命は、依然として未決定のままであった。

奉仕への使命的な献身と力への帝国主義者の正しい理解から、ルースは、以下の要求を再発行することを独断で決めた。ルースは、自らの最も代表的な雑誌『ライフ』の一九四一年二月の記事に以下のように書いた。たとえアメリカが「世界で最も強力で最も重要な（vital）国家」になるまで成長したとしても、「アメリカ人はその事実に自らを精神的かつ実際的に適応させることができていない。そのため、アメリカ人は、世界的な国家としての役割を担うことに失敗してきた。その失敗は、アメリカ人自身と全人類にとって破滅を招く結果をもたらしてきた。解決策は、以下の通りである。世界で最も強力で最も重要な国家としての義務と機会を心身を込めて受け入れ、その結果、われわれが適当と思うような目的のために、われわれが適当と思うような手段で、世界にわれわれの影響力の十分なインパクトを及ぼすことである」。アメリカ人は、世界に背を向けることを望むかもしれないが、単純にそれはできないという。ルースは代わりに、新しい無情な視点の現実主義（new steely-eyed realism）を要求した。すなわち、アメリカは、ただそうすることが正しいからだけではなく、そうすることが賢いから、世界をより良い場所にすることができる。もし世界がアメリカにとって安全になるとしたら、世界は「かなりの程度、アメリカの世紀（American Century）にならねばならない」。

ルースの呼びかけは、アメリカの意図の息をのむような主張であり、アメリカが世界の支配的な国家として出現するための政治的な青写真として役立つような理想と利益の性急な組み合わせであった。もしそれが人気のある雑誌の数頁に限定されたものであったならば、それはおそらく限定的な重要性しか持たなかったであろう。しかし、それは、重要なことに、アメリカの大統領であるフランクリン・D・ローズヴェルト（FDR）も含めた同じ意見を持つ多くの他の国際主義者たちに共有されていた。ＦＤＲの統治下で、アメリカは、世界で主要だがしばしば周辺的な行為主体から、世界がこれまで見てきたなかで最も強力な国家へと変遷を遂げていく。

世界のなかのアメリカ

アメリカは、ウッドロー・ウィルソンがアメリカと残りの世界との間の関係を整理した国際主義者の結合を拒絶したにもかかわらず、国際システムのなかで最も強力な国家であり、依然としてそれまでと同じくグローバリゼーションにあますところなく巻き込まれていた。残りの世界がアメリカを避けることができないのと同じく、アメリカは、世界を避けることができなかった。たとえアメリカが国際連盟に参加しなかったからといって（四二カ国が加盟した）、アメリカは依然として世界に政治的、軍事的、経済的な影響を及ぼす主要な存在であった。ウィルソン主義は、誤ったスタートであったかもしれないが、アメリカの国際主義はまだ死んではいなかった。

そのため、われわれは、戦間期のアメリカの対外政策について広く普及した二つの神話を再考する必要がある。一つ目の神話は、孤立主義である。アメリカが大いなる戦争後に形成された公式の国際的なアーキテクチャーの多くを計画することに手助けをしなかった一方で、アメリカは、戦後秩序の協同の維持で他国に加わった。たとえば、一九二一―一九二二年に、ワシントンは、太平洋の海軍軍縮のための国際会議を主催した。すなわち、アメリカと日本、イギリス、フランス、その他の数カ国によって署名された三つの条約（海軍軍縮条約、中国に関する九カ国条約、太平洋に関する四カ国条約）が、西太平洋の外縁に沿って大国間の緊張を減少させた〔四カ国条約によって日英同盟は破棄されることとなった〕。アメリカは同様に、ヨーロッパの政治でも行動的であった。第一次世界大戦の賠償金の支払い計画を改正することによって、一九二四年のドーズ案と一九二九年のヤング案〔それぞれアメリカの銀行家のチャールズ・ドーズと起業家のオーウェン・ヤングの名にちなんでいる〕は、ヨーロッパの負債に再度融資し、もう一つの戦争の勃発につながりかねない緊張を一時的に緩和した。フランク・ケロッグ国務長官は、「国家政策の手段としての戦争の放棄」を謳った、本質的には戦争の廃止に各国が合意した公式の条約であるパリ不戦条約〔Pact of Pari〕に署名した。これらイニシアティブのいくつかは、たしかに強制の欠如に苦しんだ。まったく理想主義で機能しなかったパリ不戦条約は、特に実にひどい事例であった。そして、これらの多くは、ワシントンからの決定的な支援が欠如していた。たとえば、ヨーロッパの負債の再融資は、財務省ではなく、ほとんどアメリカの民間の銀行からの貸しつけで行われたが、そのことは貸しつけを不安定なものとした。しかし、これらは、真に「孤立主義者の」国家の行動ではほとんどない。

二つ目の神話は、一つ目の神話と関連するが、グローバリゼーションの想定上の趨勢である。経済史家たちは、歴史的なグローバリゼーションの満ち引きを図表で表すことが多く、彼らの研究は啓発的なものである。しかし、それは誤解を招きやすいものである。というのも、もしわれわれがグローバリゼーションを経済的な指標の観点からのみ測るとしたら、われわれは大いに見誤ることになるからである。経済のいくつかのセクターがヨーロッパへの輸出の上昇を見たけれども、第一次世界大戦が海外貿易に不利益な影響を及ぼしたことはたしかに真実である。それに加えて、議会が一連の法案を可決し、結果的に一九二四年移民法（National Origins Act〔日本人のみを排斥したわけではないが、「排日移民法」として知られる〕）になるが、それはアメリカへの合法移民を制限した。モノとヒトの流れは、グローバリゼーションを図る二つの指標だが、次の半世紀の間、回復しなかった。しかし、われわれがすでに見た通り、アメリカ政府は、一九二〇年代の世界情勢でまったく活動的ではなかったというわけではなかった。さらに、民間企業と普通の市民は、残りの世界との結びつきを形成する上で自らの政府よりも先を行っていた。このことは、たとえば、ジェネラル・モーターズがドイツとフランスの自動車会社を買収し、RCA〔アメリカの大手電機メーカの一つ〕がイギリスで活動範囲を広げるなど、他の資本主義の国家とのますます密接となる結びつきだけではなく、共産主義の国家との結びつきも含んでいた。

ワシントンがモスクワとの公式の外交関係をまだ確立していなかった時期に、ウォールストリートの投資銀行のハリマン・ブラザーズ（のちのブラウン・ブラザーズ・ハリマン）は、ソ連が五カ年計画として知られた産業化の新しいプログラムを開始することを助けるために資金を貸与していた。逆に、共産主義者の高官たちは、ヘンリー・フォードの自動車会社の製造戦略であるフォーディズムから少なからずインスピレーションを得ていた。同時に、商人や宣教師、旅行客といったアメリカ人の旅人は、ヨーロッパだけではなく、アジアやアフリカ、ラテン・アメリカなど世界中を行き来した。アメリカ人はまた、一九三八年の世界教会協議会（World Council of Churches）の設立や他国でのロータリー・クラブのような奉仕組織の設立に結果的につながるプロテスタント教会運動のようなイニシアティブを通じたトランスナショナルな協力や統合へと導いた。そして、これらはほとんど孤立した事例ではなかった。アメリカ人は戦間期の間、地球の上を動き回った。脆弱な世界経済での貿易の流れだけではなく、戦間期の敏感性を見ると、アメリカ人が以前よりもますますグローバルな考え方をするようになっていたことは明らかであった。

たしかに、世界大恐慌の始まりは、グローバルな国家としてのアメリカの野心と同様、グローバリゼーションに打撃を加えた。第一次世界大戦後ににわかに活気づいた貿易は、大恐慌によって激減した。事実上、一九二九年以降の一〇年間のアメリカの対外政策のあらゆる進展は、新しい責任に関わることに気が進まないか、既存の責任から撤退するかのいずれかの結果につながった。一九三一年に日本が満州を占領した時に、アメリカは、ヘンリー・スティムソン国務長官の名前から生まれた、「非承認（nonrecognition）」のスティムソン・ドクトリンで対応した。この大いに象徴的な意思表示は、スティムソンが自らを正当化するために採用したパリ不戦条約のように、道徳的に満足させるが、全体的に効果的ではなかった。一九三三年に大統領になったフランクリン・ローズヴェルトは、ラテン・アメリカ諸国への不介入の善隣外交を推進し、金本位制からドルを離脱させ、大恐慌に対する多国間の解決策を探し求めるロンドン経済会議から撤退した。一九三五年に、ヨーロッパと東アジアで緊張が高まると、議会は、アメリカが、特に大統領がもう一つの大国間戦争に巻き込まれることを防ぐよう考案された一連の中立法の一つ目の法案を可決した。アメリカが実際に孤立主義に最も近づいた時代があったとしたら、それは一九三〇年代であった。

そうであったとしても、当時のアメリカ人は、ほとんど孤立していたわけではなく、歴史家たちは今では、中立的に叙述された用語として「孤立主義（isolationism）」を使うことに乗り気ではない。一つの理由としては、「孤立主義者（isolationist）」という用語が海外に巻き込まれることを批評する人の正当性を否認するために使われた政治的な言い回しであったからである。それはまた、一九三九年のヨーロッパでの戦争勃発がアメリカ人に世界情勢での自らの地位を議論することを強いるまで、頻繁に使用される用語ではなかったからである。もう一つの理由としては、おそらく多数派だが、ヨーロッパの戦争に介入したがらない多くのアメリカ人が、自ら戦闘に直接にかかわることなしに、人道的な救済を拡大し、国際紛争を調停しようとする思慮深い国際主義者であったからである。彼らは、孤立主義者ではなく、より適切に「不介入主義者（non-interventionists）」と呼ばれる。ブルック・ブロワーが議論するように、この時代は、孤立主義ではなく、「中立（neutrality）」の時代としてより知られるべきである。

こうした区別は、大いなる戦争の結果として構築されたぐらつく世界秩序が粉々になり始めたため、一九三〇年代にますます重要になった。大恐慌は、不安定の最大の源であった。というのも、ヨーロッパ地域でのヴェルサイユ条約とアジア地域でのワシントン会議の条件を修正したがるファシストとウルトラ・ナショナリストの政権の力が台頭したからである。現状変革国家（revisionist powers）は、イギリスとフランス、アメリカが彼らを犠牲にして新しい世界秩序を構築したとして憤慨していた。こうした憤りにたきつけられて、彼らは、再軍備し、攻撃することを望んでいた。

日本は、一九三一年の満州の奪取で（満州事変）、第二次世界大戦へとゆくゆくはつながる世界危機のはじまりの引き金を引いた。イタリアは、エチオピア侵攻でその先例にならい、一九三五年に国際連盟から脱退した（日本とドイツは一九三三年に国際連盟を脱退していた）。ファシストのスペイン軍は、一九三六年に民主的に選ばれたマドリードの政府に対して内戦を開始した。ナチスは、同年に、大規模な再軍備計画を始め、ラインラントを再軍備したが、これらはどちらもヴェルサイユ条約違反であった。

日本が中国に侵略した一九三七年の夏に、危機はエスカレートした。チェコの主権的な領土の大きな構成要素〔ズデーテン地方〕をドイツが要求すると、イギリスとフランスは、戦争に訴える代わりに、「宥和（appeasement）」政策を試みるために、〔一九三八年九月の〕ミュンヘンでの首脳会談を使った。しかし、数か月もしないうちに、ドイツは〔一九三九年三月に〕、チェコスロヴァキアを解体し、新しいスロヴァキア共和国を支持し、残りのチェコの領土を征服することによって、ミュンヘン合意に違反した。八月後半には、ナチスのドイツとソ連が独ソ不可侵条約を締結し、ポーランドを二分することに秘密裡に合意した。一週間後の一九三九年九月一日に、ドイツは、ポーランドに侵攻し、イギリスとフランス、カナダがドイツに宣戦布告した。こうして、第二次世界大戦が始まった。

大論争と「国家安全保障」の発明

エスカレートする世界危機へのアメリカの適切な反応をめぐる論争が、リベラリズムと資本主義の着実なグローバルな後退に対して展開された。「孤立主義者」と呼ぶかどうかにかかわらず、非リベラルな猛攻撃に抵抗する積極的な関与に反対するアメリカ人が優勢であった。

もしアメリカの大統領が国際主義者たちの一員でなかったならば、この時点で物語の終わりとなっていたかもしれなかった。フランクリン・ローズヴェルトは、彼の第一期目には、対外事情に相対的にほとんど注意を払わず、〔一九三三年一一月に〕正式にソ連を承認したこと以外には、何ら重要な対外政策のイニシアティブを発揮しなかった。善隣外交からスペイン内戦への厳格な中立の維持まで、他のあらゆることは、いかなる近代の大統領の対外政策のうちでも最も行動的ではなかった。

こうした無活動状態は、ローズヴェルトが彼の主要な仕事とみなしていたものに根ざしていた。すなわち、アメリカを大恐慌から救い出すことであった。このことは、彼が特にドイツや日本での海外での進展に動揺していないということを意味しなかった。一九三六―三七年までに、ローズヴェルトの国内での社会福祉プログラムである「ニューディール（New Deal）」が、安定化の効果を見せ始めたように思われ、アメリカ経済は復活の兆しを見せ始めた。同時に、ドイツと日本は、ますます攻撃的になり、FDRは彼の関心を国内経済の危機から国際安全保障の危機へと転換させることとなった。

ローズヴェルト自身、現状変革国家は、特にドイツだが、安全保障とアメリカの生き残り、その生活様式にとってさえ、先例のない脅威を引き起こすと信じていた。一九三七年はじめ、まずレトリック上の抵抗で、次いでより具体的な措置で、彼は、アメリカに反ドイツと反日の姿勢をとらせた。日本の中国への侵略〔一九三七年七月〕の後、ローズヴェルトは〔一〇月に〕、世界秩序を攻撃的にむしばむ国家を「隔離する（quarantine）」ことを他国に呼びかけた。ドイツと日本が他国へさらなる動きを見せるにつれて、彼は数年間、国際主義者の警告を鳴らし続けた。

しかし、ほとんどのアメリカ人の間では、ローズヴェルトによる地政学上の隔離の呼びかけは、ほとんど支持を獲得できなかった。反介入主義者たちは、かつて自国が幅広い反対にもかかわらず、いかに大いなる戦争へ巻き込まれたのかに対して注意深く、世論の支持を獲得し、大統領に対して意見を張った。ジェラルド・ナイ上院議員や有名な飛行家チャールズ・リンドバーグといったＦＤＲの批判者のなかには、孤立主義のステレオタイプにふさわしい者もいた。すなわち、イギリス嫌い（Anglophobic）、反ユダヤ人（anti-Semitic）、反移民（nativist）の人々たちで、彼らは事実上、いかなる形での世界危機へのアメリカの関与に抵抗した。リンドバーグの指導力にしたがって、彼らの多くは、「アメリカ第一主義（America First）」のスローガンの下で、アメリカで最も「孤立主義者」の組織〔アメリカ第一主義委員会〕に参加し、アメリカの関与に抵抗した。

しかし、たいていの非介入主義者たちは、こうした粗野なステレオタイプと一致しなかった。すなわち、彼らは代わりに、戦争を放棄した国際主義者たちであった。彼らの名目上の指導者は、ナイのような人種差別者ではなく、リンドバーグのような反ユダヤ人でもなく、元大統領で熱心な人道主義者であるハーバート・フーヴァーであった。こうした不介入主義者たちは、国内での市民の自由と自由な市場にもたらされるであろうすべての危害とともに、アメリカの生活様式に対する最も大きな脅威は戦争そのものである、と主張した。彼らの言葉は、大統領が対抗することを困難とさせる稀な力を持っていた。というのも、彼らは、彼らの側に論理を持っていたからである。すなわち、道徳的に軽蔑に値するものとして、ドイツは、アメリカに侵略し、占領することはおろか、攻撃するための必要な手段を欠いているという論理であった。同じことが日本にも言えた。アメリカ人は、一九一七年にそうすべきであったように、この紛争に加わらないことによって最もよく処遇される、とフーヴァーは言った。空軍力がアメリカを新たに脆弱にしたというローズヴェルトの警告に対しては、リンドバーグが彼自身の効果的な反論を持っていた。すなわち、意思伝達のつながりが空と海の両方で全大洋を横切って弱く伸ばされている外国に対して、空軍力は、アメリカに事実上、難攻不落の防衛を与えるという意見であった。

アメリカが戦争に介入すべきかどうかをめぐる大論争は、アメリカの外交史のなかで分水嶺となった。というのも、それは、想像しうる最も広範囲の結果に至ったからである。フーヴァーに匹敵する人物たちに対抗するために、ローズヴェルトや他の国際主義者たちは、まさに自衛（self-defense）の意味を推し広げた。グローバル化された国際システムのなかで、アメリカはもはや、自らの地理的な地位が安全保障をもたらすであろうとは想定できなかった。特に遠く離れた敵国がアメリカのリベラルな社会にとって完全に敵意がある政治的かつ経済的な生活様式のために立ち上がっている時には、そうであった。技術と全体主義のイデオロギーは、かつての遠く離れていた不愉快な状況を現実の直接の脅威へと変容させた。たとえこれらの脅威が差し迫ったものではなかったとしても、それらがそのままであると想定することは危険をともなうであろう。アメリカはもはや、自国だけでは、現代の世界に生きることはできなかった。より大きな行動をとらなければ、アメリカは、「力の哲学によって支配される世界のなかで孤立した島」になってしまう、とローズヴェルトは予測した。「そのような島は、依然として孤立主義者として語り、投票する人々の夢かもしれない」が、ＦＤＲにとって、それは「自由のない人々の無力の悪夢、すなわち、監獄に収容され、手錠をかけられ、空腹で、将来を考えずに他の大陸の軽蔑を示して哀れみを示さない主人たちによって檻越しに食べ物を与えられる人々の悪夢」であった。

この少し誇張した言葉の美辞麗句は、おそらくアメリカの対外関係の歴史全体のなかで最も重要な変化である国家安全保障革命（national security revolution）のための基礎をもたらした。一九三七年はじめには、ローズヴェルトは、「自衛」や「国益（national interest）」についてますます語らなくなり、「国家安全保障」についてますます語るようになった。厳密に言って、国家安全保障は、ただ国家の安全保障（security of the nation）に言及すべきであり、自衛の同意語である。一九三〇年代後半の世界危機の前には、自衛は、大陸国家アメリカの領土的な主権を外国の攻撃から守ることを意味した。しかし、このより狭い自衛の概念は、全体主義の独裁者と進歩した兵器によって支配される時代には時代遅れになった、とローズヴェルトは感じていた。これに対して、明白で差し迫った危険が存在しない状況でグローバルな規模で関与することを躊躇するアメリカの姿勢を乗り越える上で、彼は、アメリカの思想と価値を世界規模で保護するために、自衛の概念を限りなく広げた。FDRが一九三九年の一般教書演説で述べたように、「人類の問題のなかで、人類が自らの家だけではなく、自らの教会や自らの政府、まさに自らの文明が基づいている信頼や人間性の主義をも守ることを準備しなければならない時が来ている」。これこそが、ローズヴェルトが「国家安全保障」で意味するものであった。

自衛から国家安全保障への変遷の重要性を強調しすぎることは難しい。前者のより狭い概念の下では、世界情勢にアメリカが介入する必要性はかなり制限される。しかし、後者の影響の下では、アメリカの対外政策はもっとより積極的な（proactive）ものとなる。「国家安全保障」の命令が耳のなかで鳴り響くと、アメリカの指導者たちは、抑制されると同時に、束縛を解かれた（both constrained and unleashed）。すなわち、介入すべきかどうかをめぐる彼らの決定権は劇的に減少するという意味で抑制され、彼らの軍事的な試みの頻度は増加するという意味で束縛を解かれたのである。こうしたことが起こったのは、自衛の防衛線（parameters）を拡大することによって、国家安全保障のドクトリンがアメリカ人の生き残りの危険度を上げたからであった。たとえば、日本軍のインドシナ侵略やドイツ軍のノルウェー攻撃のように、事実上、世界のあらゆる場所からアメリカの安全が脅威にさらされるとしたら、またもしアメリカの安全が敵対的な兵器だけではなく、敵対的なイデオロギーによっても脅威にさらされるとしたら、受け入れ可能なレベルで安全保障を実現することは、不可能ではないにせよ、困難であろう。こうした条件の下では、いかなる賢明な大統領も、いかに遠く、間接的なものであったにせよ、脅威に正面から取り組まなければならないだろう。

しかし、ローズヴェルトによるアメリカの安全保障の徹底的な再概念化は、ほとんど根づかなかった。彼の一九三九年の一般教書演説は、「隔離」演説や「孤立した島」演説、その他いくつもの演説と同じように、ただ限定的な効果しか持たなかった。しかし、予期せぬパートナーのおかげで、FDRの国際主義者の構想は支持を得た。もしアドルフ・ヒトラーのますます過激となるレトリックとナチの戦争マシーンがヨーロッパ中で成し遂げた目を見張る勝利がなければ、ローズヴェルトが世界の指導力の責任を引き受けるようアメリカ人たちを説得することができたとは考えにくい。

ヒトラーのドイツ軍がヨーロッパの至るところにまたたく間に広がると、FDRの警告は新たな観点で見られるようになった。一九三九年にドイツはポーランドに侵攻し、その西半分を併合した（ソ連が東半分を併合した）。ほとんど戦う姿勢のみで戦略を練るばかりの「戦争中だが戦闘のない状態（phony war）」がしばらく続いたが、ドイツ軍の前進は、冬の終わりの後の一九四〇年に再開された。

その結果、デンマークとノルウェーが四月に陥落し、オランダが五月に陥落して、ナチス軍は六月一四日にパリに進軍した。フランスの北半分はドイツ軍に占領される一方で、南半分はヴィシーを拠点としたナチスの協力者の政権によって統治された。ドイツの空軍（Luftwaffe）は、次にイギリスに照準を向けた。ロンドンに駐在したアメリカ人の記者は、空襲の恐ろしい音を釘づけにされたリスナーに届けた。ユーゴスラヴィアとギリシャは、一九四一年四月に陥落した。六月にはドイツ軍が、ソ連に奇襲攻撃を行い、一二月の第一週までに、彼らはモスクワの門戸にいた。〔イギリスを除く〕ヨーロッパのすべてが今や、ヒトラーの支配下にあった。

日本軍による同じような猛攻撃が東アジアで同時に展開していた。最初の侵略の後、日本軍は、ドイツの戦車が一九四一年夏にソ連に横断する時までに、事実上、北京や上海など主要な都市と港を含む中国の多くを支配していた。日本軍がインドシナの港を奪い取った後に、ローズヴェルトは、石油と他の燃料の貿易を禁止した（これはアメリカがヴェトナムをめぐる紛争に巻き込まれたはじめての瞬間であった）。この貿易禁止は、日本がほとんどすべてのエネルギー需要のために代わりとなる供給元をみつける必要があることを意味した。日本は、東南アジアの資源豊富なヨーロッパの植民地に供給元をみつけたが、困難な状況にあったヨーロッパ諸国はもはや防衛することはできなかった。

たぶんローズヴェルトは、アメリカはこの戦争が終わるまで我慢していることはできない、とずっと考えていた点で正しかった。一九四一年秋まで、アメリカは、依然としてこの問題をめぐって論争していたが、介入主義者たちが今では勢いを持っていた。ローズヴェルトが「不名誉なものとして残る」であろうと言った一九四一年一二月七日に、日本軍はハワイの真珠湾の米海軍基地を奇襲攻撃し、議論に終止符が打たれた。ハワイそのものは、日本の領土的野心の標的ではなかったが、日本軍の東南アジアでの前進を保護するため、アメリカの太平洋艦隊を破壊しておく必要があった。二四〇三名のアメリカ人が攻撃で死亡し、戦争に介入すべきかをめぐる論争は終わった〔真珠湾奇襲攻撃の直後に、ヒトラーがアメリカに宣戦布告した〕。

十二月八日はじめと一九四二年一月の間、日本軍はフランス領インドシナ、オランダ領東インド、イギリス領の香港とシンガポール、マラヤに侵略し、占領した。決して植民地化されてこなかったタイでさえ、降伏した。五月には、フィリピンでフィリピン軍と米軍が、六カ月のゲリラ戦の後、屈服した。日本は今や、事実上、西太平洋の外縁すべてを支配した。

全面戦争マシーン

アメリカは、イギリスとソ連、中国の同盟国として第二次世界大戦に参戦した。イギリスはある程度、太平洋の舞台で戦闘に従事したけれども、米軍は、二つの離れた前線で戦う唯一の交戦国であった。米軍は、枢軸国に統治されていた北アフリカやイタリア、フランスへの侵略を主導し、太平洋を横断した攻撃の陣頭に立った。一六〇〇万人規模のアメリカ人が、兵役に就いた。より重要なことには、アメリカの工場が兵器から衣類、食糧までさまざまな財を生産し、同盟国〔連合国〕の戦争努力を支えた。もっともな理由から、ローズヴェルトは、アメリカを「民主主義の兵器廠（arsenal of democracy）」と描写した。このことは、武器貸与プログラムがイギリスとソ連に数百万ドルの軍需品を効果的に提供した一九四一年一二月以前から真実であった。アメリカが戦争に参戦すると、援助は幾何級数的に増加した。同盟国の最後の勝利は、アメリカの先例のない産業生産高と、アメリカの産業がドイツと日本の爆撃の射程距離から遠く離れていたという事実に負うところが大きい。

アメリカの軍事的な関与も、重要であった。ヨーロッパの舞台では、米軍は、フランスやオランダ、ノルウェー、ポーランドから亡命した兵士とともに、またイギリス軍とカナダ軍とともに戦った。イギリスの指導者たちは、第一次世界大戦の塹壕戦の修羅場を繰り返すことを避けたいと望んでいた。彼らは、ヨーロッパでの正面からの攻撃は自殺行為であるとアメリカの指導者たちを納得させた。彼らの恐怖は、一九四二年八月にカナダによるフランス沿岸のディエップに上陸するための損害の大きい試みで現実のものとなった。代わりに、米軍とイギリス軍は、一九四二年一一月の北アフリカ、一九四三年七月のシシリー、一九四三年九月のイタリアという流れで、ヨーロッパの南を回り道した。〔一九四四年六月六日の〕ノルマンディーの海岸に上陸した有名な作戦開始日（D-Day）で、米軍とイギリス軍、カナダ軍は、ナチが占領していたヨーロッパに成功裏に侵入し、八月までにパリを解放した。低地三国〔オランダ、ベルギー、ルクセンブルグ〕への北部での猛攻撃は、より困難であることが明らかとなったが、ジョージ・パットン将軍が六週間のバルジの戦の間、アルデンヌ森で包囲されていた米軍を救援し、ドイツそのものへの道を切り開いた。ずっとより残酷で血なまぐさい戦闘となっていた東部戦線では、ソ連の赤軍が容赦なくドイツ軍を押し戻していた。米軍とイギリス軍が西側からドイツへ侵入したように、ソ連の赤軍は東側から侵入した。その間、同盟国による爆撃がヨーロッパのナチの攻撃目標を叩き、特にドイツの隅から隅までだが、ナチが占領した戦略的な都市も爆撃した。一九四五年五月八日に、ヨーロッパでの戦争は終結に向かった。

アジアと太平洋では、米軍の役割は、よりずっと卓越したもの（predominant）であった。直接のアメリカの軍事的な関与なしに、日本が降伏するとは考えにくかった。日本軍が一九四一年一二月と一九四二年一月にハワイと東南アジアを攻撃した後、アメリカとその同盟国、主に中国とイギリス、オーストラリア、ニュージーランドは、ヴェトナムのヴェトミン（Viet Minh）といった大陸を横断して散在していたレジスタンスの勢力とともに、防御していた。しかし、一九四二年六月に太平洋の真ん中のミッドウェーでの海戦で、アメリカの海軍が決定的な勝利を収め、日本の海軍力はかなり減少した。こうした結果、アメリカ軍が空と海での優越を使って、日本軍を太平洋を横断して押し戻すことができた。米軍は、島をめぐるようにフィリピンへの道を進み、日本の戦闘機の基地として使用されていた小さな孤立した島の岬を攻略した。

一九四三年までに、米軍は制空権を握り、日本に耐えられない損害を与えていた。アメリカの損失も大きかったが、本国の産業戦争国家は、迅速にそれらの代わりをみつけることができた。米軍は、一九四四年終わりにフィリピンに戻り、一九四五年初頭の硫黄島と沖縄への上陸とともに、日本の本土を侵略し始め、その年の終わりには日本本土に本格的に侵攻する見通しであった。一九四四年を通じて、そして一九四五年まで、米軍の爆撃機は、〔三月の東京大空襲など〕日本を空爆した。大陸では、中国軍が日本の占領に対してへとへとに疲れさせる消耗戦争を有利に進めつつあった。ソ連が同盟の軍事行動に参加し、アメリカが核兵器を歴史上はじめて投下した一九四五年八月に戦争は終結に向かった。原子力爆弾の広島と長崎の都市への投下と差し迫ったアメリカの侵略は、日本の降伏をもたらした。こうして、アジアと太平洋での戦争は一九四五年八月一五日に終結した。

アメリカの戦争努力は、注目すべき重要なものであったが、同盟国の大規模な戦争努力を覆い隠すべきではない。たとえば、米軍のドイツ降伏への貢献は、必要不可欠ではあったものの、それだけで事態を決定づけたわけではなかった。同盟の軍事行動の激しい攻撃を行ったのは、ヨーロッパでの米軍の損失兵員のほとんど三〇倍に相当する軍事的な死傷者に耐えたソ連であった。人口のパーセンテージとして、イギリス軍とカナダ軍の損失兵員も、アメリカよりわずかに多かった。東アジアでは、中国軍がヨーロッパでの赤軍と似たような役割を果たし、敵の地上軍の大部分を封じている間に、米軍は反対方向から空と海の進歩した軍事テクノロジーを用いて進軍した。米軍の損失兵員は大きかったが、中国軍と比較すると小さく見える。

しかし、アメリカの戦争努力は、いくつかの点で独特の印象を与えるものであった。すべての交戦国のなかで唯一、米軍は二つの離れた戦線で真にグローバルな戦争を戦った。イギリスもアジアでの戦争に参加したが、その役割は、ヨーロッパと比べればずっと小さかった。いくつかの地域紛争を単一の世界戦争へと結びつけたのは、一九四一年末のアメリカの参戦であり、アメリカは事実上、広範囲の方面で主要な役割を担った唯一の国家であった。より重要なことには、もしアメリカの参戦がなければ、ドイツと日本を敗北させることができたとは到底考えにくかった。

アメリカはまた、戦争による破壊を免れたという点でも独特であった。四〇万人以上のアメリカ人が戦闘で命を失ったが、それは南北戦争以降のアメリカ史のなかで二番目に損失の大きい戦争となった。しかし、こうした損失を日本（少なくとも二〇〇万人）や中国（少なくとも三〇〇万人）、ドイツ（少なくとも四五〇〇万人）、ソ連（少なくとも一〇〇〇万人）と比較するとより小さい。さらにより印象的な統計は、ヨーロッパとアジアで亡くなった民間人の数千万人と比較して、戦争で亡くなったアメリカ市民の数、一万二〇〇〇人である。数字は不正確だが、少なくとも一〇〇〇万人の中国人と一五〇〇万人のソ連人の非戦闘員が命を落としている。このことは、交戦国のなかで唯一、アメリカが本土での戦闘を経験していないためであった。真珠湾への襲撃や二つの小さく遠いアリューシャンの島の日本による占領、アメリカの西海岸へのわずかな孤立した効果のない日本軍の攻撃以外には、アメリカは、ヨーロッパとアジアの至るところで人々の共通の経験の一部となった空爆や都市での戦闘、大量虐殺（genocide）などを経験していない。道路や線路、橋、病院、教会、工場が瓦礫にされてしまうこともなかった。対照的に、アメリカと同じく侵略と占領を免れたイギリスは、ドイツの空襲によって、とても大きい損害と民間人の死傷者に苦しんだ。実際のところ、アメリカの産業は、ただいかなる損害も免れただけではなく、戦争の結果、にわかに景気づいた。ローズヴェルトのニューディール計画の経済的改革ではなく、再軍備の要求が、アメリカを大恐慌から救い出し、繁栄へと導いたのであった。第二次世界大戦は完全な国内の調和と団結の時であったという考えは、神話として間違いなくあざ笑われるものだが、事実上、あらゆる他国の経験と比較した場合に、アメリカはたしかに「よい戦争（a good war）」を経験した。

二つの要因の組み合わせ、すなわち、戦争の結果がかなりの程度アメリカの関与によるものであったという事実と、すべての同等の競争相手が物質的かつ財政的、心理的に荒廃した時に戦争がアメリカにとっては利益となったという事実は、戦後の世界秩序の進展にとって決定的であった。一九四五年夏までに、ドイツと日本は荒廃し、イギリスや中国、フランス、ソ連といった表向きの戦勝国でさえ、数年間に及ぶ主要な再建の努力に直面していた。こうした結果、アメリカは、国際システムがいかなる形で形成されるのかを決定する上で優勢となった。もちろん、アメリカは、すべての影響力を手にしたわけではなかった。戦争の結果は、荒廃していたとはいえ、ソ連にも影響力を与えたからである。ワシントンは、残りの世界に条件をただ命令することはできなかった。しかし、戦争の結果、アメリカは、同盟国が戦後の世界秩序を構想する上でより優勢となった。たいていの争点で、他国はアメリカの立場に屈する必要があったが、アメリカはめったに他国の立場に屈しなかった。ソ連とイギリス、アメリカの大同盟（Grand alliance）は、無類の残虐性を持った共通の敵を負かすために想像できない規模で協力した。しかし、このパートナーシップのなかで、アメリカは、代表となる国家（first among equals）であった。

印象的なことに、アメリカだけが戦争そのものの間、持続する戦後構想に従事していた。というのも、他国は、国家の生き残りのための闘争にあまりに従事していたため、戦争の終結後にどうなるのかという問題にほとんど注意を払うことができなかった。同盟国は、戦後の目的についての主要な戦時中の宣言のほとんどで、アメリカの指導にしたがった。このことは、一九四一年〔八月〕の大西洋憲章や一九四二年〔一月〕の連合国宣言、カサブランカ〔一九四三年一月〕やカイロ〔一一月〕、テヘラン〔一一—一二月〕、マルタ〔一九四五年一—二月〕、ヤルタ〔二月〕での首脳会談にあてはまる。ニュー・ハンプシャーでの一九四四年〔七月〕の会議では、アメリカと同盟国は、アメリカのドルに基づいた国際金融秩序であるブレトンウッズのシステムを形成した。国際連盟の後継となる国際機関として、国際連合〔国連〕は、一九四五年春のサンフランシスコでの会議で設立が決まり、各国代表はその本部をニューヨークに置くことで合意した。国連のアイディアは、特にアフリカ系アメリカ人のような周縁に追いやられた集団であったが、アメリカ人の間でとても人気があった。しかし、より用心深いローズヴェルトは、ウォレン・キンボールの適切な言い回しだが、「現実主義的なウィルソニアン」として国連に取り組んだ。五つの戦勝国、すなわち、イギリスと中国、フランス、ソ連、アメリカが〔常任理事国として〕安全保障理事会を形成し、それぞれが国連の決定に拒否権〔veto〕を行使できる。そして、国連は、加盟国の国内主権に干渉することを禁止される、という構想である。イギリスの英連邦をよみがえさせるという希望とソ連の東ヨーロッパを支配下に置くという決意は別として、アメリカの戦後構想は、イギリスやソ連のイニシアティブとまったく競い合うものではなかった。

ヘンリー・ルースは、一九四一年の時点でアメリカの世紀のはじまりを予見し、先見の明があった。たしかに、アメリカは、全能ではなかった。冷戦〔Cold War〕の間、ソ連は、類似した競争相手であり、アメリカの軍事力は、その後、何度か卑しめられた。しかし、たとえアメリカが全能ではないとしても、アメリカ人は、世界で最も強力な国民であった。彼らは、国際システムを先導し、その論調と内容を決定した。〔共産主義のソ連など〕アメリカの世紀に生きたがらなかった世界の国々も、依然としてその影響から逃れることはできなかった。実際のところ、まさにそうした世界観の衝突が有した性格のために、アメリカのパワーが十分に発達した時代、すなわち冷戦へと至ったのである。

第五章

超大国

第二次世界大戦が一九四五年に終結した時、世界の舞台には事実上、二つの大国だけが残された。特にほとんど無傷で繁栄した戦後を迎えたアメリカは、明らかに戦争の唯一の真の勝者であった。アメリカは、原子力爆弾を独占し、（商業と軍事での）最も進んだテクノロジーだけではなく、空と海におけるほぼ世界規模の支配をも有していた。東ヨーロッパ以外で、アメリカが自らの意志に基づいてその力を展開できない地域は、世界にほとんどなかった。

こうしたアメリカの力を潜在的に抑制できる唯一の他の国家は、ソ連だけであった。東ヨーロッパおよび中央ヨーロッパで、赤軍は支配的な地位を持ち、世界中で反ファシストと反ナチ、反植民地主義を指導する立場にあった。ヨーロッパから東南アジアまで、共産主義はレジスタンスの運動の先頭に立ち、東部戦線でナチの戦争マシーンを敗北させるために、ソ連は、ほとんどあらゆる他の参戦国よりもより大きな損失を被っていた。そうしたことから、ソ連の共産主義は、世界中で深い善意と賞賛を集めていた。

これら二つの新たな地政学上の巨人と他国との間の力の差はきわめて大きく、アメリカとソ連の両国は、「超大国（super power）」という新しい名称を与えられることとなった。米ソ両国は、すべての他国を小さく見せる存在であった。現代は「アメリカの世紀」であったが、完全にそうであったわけではない。同時にかなりの程度、「共産主義の世紀」でもあった。おそらく偶然ではなく、米ソ両国は一九一七年に大いなる戦争〔第一次世界大戦〕に反応して、それぞれウィルソン主義から生まれたリベラルな国際主義とレーニン主義から生まれた共産主義の国際主義を掲げて国際社会に立ち現れた。〔かつてアレクシス・ド・トクヴィルが予測していた通り〕アメリカとソ連はお互いに、世界の運命を手中に収めることとなった。もし正統で持続的な平和が一九四五年以降存在するとしたら、ワシントンとモスクワの間の理解がその基礎となる必要があった。

このことは、成功する見込みのある考えではなく、振り返ってみても、現実的ではなかった。結局のところ、アメリカとソ連、イギリスは「大同盟」を形成し、枢軸国を打ち負かすために協力した。それらは、たしかに対立もしたが、グローバルな規模で複雑な戦争を戦う上で協力もした。特にフランクリン・ローズヴェルトは、その協力は戦後も継続すると信じていたし、ヨシフ・スターリンが異なる考え方を持っているということを示唆する明らかな証拠はほとんどなかった。

しかしながら、米ソ間の協力は続かなかった。代わりに世界は、四〇年以上にわたるソ連とアメリカの間で緊張が継続した時期を経験することとなった。それでは、なぜ大同盟は崩壊したのか？　なぜソ連とアメリカは、世界戦争での協力からお互いに対立する冷戦（Cold War）へと向かってしまったのであろうか？

制御の不可能性

イデオロギーは、たしかに無関係ではなかった。歴史家のオッド・アルネ・ウェスタッドが指摘する通り、アメリカの「自由の帝国（empire of liberty）」とソ連の「正義の帝国（empire of justice）」を構成する原理はそれぞれ、ただ異なっていたのではなく、完全に正反対のものであった。アメリカ人にとって、ソ連の共産主義は、彼らが高く評価するあらゆるものにとって正反対なものであった。すなわち、リベラルな民主主義ではなく人民の民主主義であり、個人の権利ではなく集団的な正義、自由な市場ではなく指令経済、私的所有権ではなく共同管理、宗教ではなく無神論であった。スターリンによる一九三〇年代の革命的な国際主義の穏健化にもかかわらず、共産主義のイデオロギーは拡散する種を宿していた。アメリカ人は、ナチズムと共産主義を異なったものではなく同じようなものとして捉えた。これらリベラルでないシステムを表現するものとして「全体主義（totalitarianism）」という新しい言葉が生まれた。しかし、イデオロギーは、必要条件の一つであったが、この原因だけで冷戦が起こったわけではなかった。結局のところ、ワシントンは、一九三三年（一一月）にモスクワと国交を正常化し、それ以降、両国は、平和的に共存していた。そしてアメリカは、イギリスやフランスといった同じ考えを持った国家との間でも対立したし、神政国家であれ独裁国家であれ、異なるイデオロギーを有する国家との同盟を持ち、現在でも依然として持っている。

状況も重要であった。いくつかの出来事によって、アメリカとソ連は、多くの不信の原因を持っていたからである。たとえば、米軍は、ロシアの内戦でボルシェヴィキに反対して介入し、ワシントンはソ連の主権を一六年間、認めなかった。ソ連はソ連で、スターリンが一九三九年八月にヒトラーとの間で独ソ不可侵条約を締結し、ドイツがポーランドの西半分に侵攻した。赤軍は、ポーランドの東半分を占領した後、〔一九三九年一一月に〕罪もなきフィンランドに侵攻した。第二次世界大戦を含めた長い期間にわたって、ソ連のスパイは、アメリカ（とイギリス）の同盟国で情け容赦ないスパイ活動に従事した。アメリカとソ連は、軍事同盟を形成したが、実際のところ、いかなる戦闘もともに戦っていない。イギリス軍とカナダ軍がアメリカ軍と密接に統合され、無数の共同作戦に従事したのと対照的であった。より重要であったのは、機密情報と核兵器の問題での密接な英米両国の統合であった。アメリカの政府高官たちは、イギリスの極秘の機密情報であるウルトラ暗号解析プロジェクトについてアクセスできる立場にあり、それらの機密情報をイギリスの情報当局との事実上切れ目のないパートナーシップで使用した。次いで、イギリスの科学者は、原子力爆弾を開発するためのマンハッタン計画へ共同開発のために参加が許された。しかし、こうした緊密な協調態勢へソ連を招くことはまったく考慮されることはなかった。ワシントンとモスクワの間の真の信頼関係は、いつも稀であったし、戦争の終結によって、わずかな信頼もなくなってしまった。恐怖でお互いを結びつけていた共通の敵がもはや存在しなくなった時に、アメリカとソ連は、平和の追求のためにお互いを結びつける信頼や好意をまったく抱いていなかった。しかし、国家は、信頼しない数多くの国家の存在を許容するものである。アメリカとソ連は、お互いを信頼しなくとも、地球を平和的に共有することで合意することができたはずであった。不信は、必要条件の一つであったが、この原因だけで冷戦が起こったわけではなかった。
たとえば、封じ込め（containment）や抑止（deterrence）といった対立を定義するようになる防御的な戦略的概念にもかかわらず、米ソ両国には冷戦について受け身なところはまったくなかった。それは、両者が彼ら自身のイニシアティブで突入した対立であった。またそれは、いかなる他の戦争と同じ目的である「勝利」を目指した絶え間ない過程でもあった。両者がこうした対立に十分に従事するためには、相対するイデオロギーと相互不信を激しい敵対状態へと根底から変える何かが必要であった。

ワシントンとモスクワの双方にとって触媒となったのは、支配、いやむしろ支配の欠如であった。米ソ両国は、第二次世界大戦に介入することを回避したかったし、両国とも、一九四一年までうまくそのようにできていた。しかし両国はそれぞれ、奇襲攻撃の後、自らの意思に反して戦争に引き込まれてしまった〔六月の独ソ戦の開始と一二月の真珠湾奇襲攻撃〕。両国はその後、全体戦争を戦うために、自らの社会全体を総動員した。その後の一九四五年には、両国は、自国を再びそのような立場に決して置かないよう決意していた。彼らはいずれも、自らの支配を超えた状況に自国を脆弱にするようなやり方で対外的な環境を変化させるつもりはなかった。彼らは、自らの運命の支配者になるべく、新たに手に入れた力を使うつもりでいた。

このことは、ほとんど妥協の余地がないことを意味した。かつての同盟国が一九四五年と一九四六年に戦後の世界を構想するために定期的に会談するにつれて、彼らはそれぞれ、自らが平和にとって本質的に重要だと考えるが、相手には脅威とみなされてしまう交渉不可能な条件を持っていることに気がつくのであった。これは、一方の防御的な行動が相手に攻撃的なものとみなされ、防御的な行動をとらせるが、そのことがその相手には攻撃的なものとみなされてしまうという古典的な「安全保障のディレンマ」である。正反対のイデオロギーと信頼の欠如は米ソ間の安全保障のディレンマを引き起こす完全な触媒であった。こうした緊張のサイクルが一度始まってしまうと、それを止めることはもちろん、制御することも事実上不可能となってしまった。

冷戦の起源

戦後の一八カ月は、ワシントンの政府高官たちにとって不確実な時期であった。新たな大統領となったハリー・トルーマンは、一九四五年四月にローズヴェルトの死を受けて政権の座に就いた。トルーマンは、長い間、ミズーリ州の上院議員を務め、対外関係の経験はほとんどなく、ローズヴェルトが彼を一年前に副大統領に選ぶまで、首都ワシントンD. C.の外ではほとんど知られていない人物であった。

ソヴィエトの意図は、それよりもずっと不確実であった。一九四五年二月のヤルタ首脳会談で、スターリンは、戦後のポーランドで自由で公正な選挙を実施することをローズヴェルトに約束していた。しかし、その年が終わるまでには、そうした約束が遵守されることはないことが明らかとなっていた。少なくともアメリカが期待したやり方ではなかった。一九四六年初頭〔の二月九日〕には、スターリンは、第三次世界大戦が近づきつつあり、今度は西側の資本主義諸国との戦争であるという趣旨の主要な演説を行った。一九四六年の終わりまでに、モスクワは赤軍によって占領された国々の政府への支配を強化し、トルコに対して、黒海と地中海を結ぶ戦略的な〔ボスポラス・ダーダネルス〕海峡の共同管理をソ連に許すよう要求し〔八月〕、さらには戦争中に約束した通りに北部イランから撤退することを〔五月まで〕拒否していた。

こうした不確実な時期の後、トルーマンとその側近たちは、断固として行動した。冷戦が始まった公式な日付は存在しないが、冷戦の起源の分水嶺は、一九四七年三月一二日のトルーマン・ドクトリンに求めることができる。議会の特別両院合同会議での演説で、トルーマンは、ギリシャとトルコが共産主義者の手に落ちる危険があることを警告した。通常であれば中近東はイギリスの勢力圏とみなされるべきところだが、当時のイギリスは経済的な危機に陥っていた。実際のところ、西ヨーロッパ諸国のすべてが、戦争の結果、依然として疲弊していた。大陸に広がる貧困の背景、家を失った状態、被害を受けた建物の間に見られる飢餓、破壊された工場、荒廃した農地など、イギリスとフランスの弱さによって生まれる力の真空は、共産主義者に権力を握る機会を提供するかもしれなかった。アメリカは、直近の二度のヨーロッパの戦争を回避しようとしたが、できなかった。トルーマンは、同じ過ちを再び繰り返してはならないと感じていた。代わりに、彼は、歴史家のメルヴィン・レフラーがいみじくも「圧倒的多数の力（a preponderance of power）」と呼んだ戦略を採用した。もしアメリカが自らの運命の主人であるためには、アメリカがイニシアティブを発揮して、軍事的な対立がただ欠如しただけのソ連との対立、言い換えれば、「冷戦」の引き金を引く必要があるように思われた。

トルーマン・ドクトリンは、この戦略の動きの第一歩であった。トルーマンは、軍事支援の予算を編成するよう議会を説得し、転じて、不定の反共の十字軍を支持するようアメリカ国民を説得する必要があった。彼はそうする上で、大統領によるあらゆる対外政策のドクトリンがしてきたもの、すなわち、特定の危機に対する特定の政策を一般的で抽象的な原理の名で正当化した。ギリシャとトルコにかかわる危機がまるでジェームズ・モンローに一八二三年に半球と半球を隔てるドクトリンを打ち出させたがごとく、トルーマンは、グローバルな関連がある軍事支援への普遍主義者の要求を打ち出すために中近東の状況を使った。トルーマンは、スターリンやソ連を一切名指ししなかったものの、彼がそれらを念頭に置いていることは明らかであった。「世界史の現在の瞬間において、ほとんどすべての国民がいずれかの生活様式を選ぶよう迫られている」と彼は宣言した。すなわち、「一つの生活様式は、多数派の意思に基づき、自由な制度、代議制の政府、自由な選挙、個人の自由の保障、言論と宗教の自由、政治的抑圧からの自由によって特徴づけられる。もう一つの生活様式は、多数派に強制的に課される少数派の意思に基づいている。それは、恐怖と抑圧、支配された新聞とラジオ、内密に仕組まれた選挙、個人の自由の抑圧によって特徴づけられる」。こうした指摘に続いて、四五年間にわたりアメリカの対外政策に戦略的指針をもたらしたトルーマン・ドクトリンの要諦が示された。すなわち、「武装した少数派や国外からの圧力によって企てられた服従に抵抗する自由の諸国民を支援することが合衆国の政策でなければならない、と私は信じる」と。

レトリックではあるが、「服従に抵抗する自由の諸国民を支援すること」は、アメリカの冷戦の中心概念である「封じ込め」を導入するには厄介なことであった。封じ込めは、モスクワの大使館に赴任しており、以前には名が知られていなかった外交官のジョージ・F・ケナンの独創的な考えであった。トルーマン政権は、ワシントンでよろめき危うく後ろへ倒れるところであったが、モスクワについてのケナンの分析から、ソ連に対してとるべき行動が明らかになりつつあった。スターリンは、伝統的な皇帝ツァーのナショナリズムと野心的な革命的共産主義の混合を信じていた。何よりも、彼には力しか通用しなかった。より開かれた世界のためにリベラルな規範を確立することは、スターリンにとって何の意味もなさない。彼が望むものは、領土とそれをめぐって挑戦されない力であった。スターリンは、彼以前の皇帝ツァーのように、拡張主義である。しかし、彼は力を理解し、彼自身の力を結局のところ保持したいため、もしアメリカの指導者たちが彼を抑止する決意を示すならば、彼は抑止されうる。これがケナンの封じ込め戦略のエッセンスであった。それは、はじめに一九四六年二月の国務省に宛てた極秘の「長文電報（Long Telegram）」で明らかにされ、トルーマン政権がケナンの考えをアメリカの政策の基礎にすることを決定した後に、一九四七年七月に「X」の匿名で書かれた『フォーリン・アフェアーズ』誌の論文（「ソヴィエトの行動の源泉」）で説明された。ケナンがこのX論文で明らかにしたように、スターリンのすべての要求にしたがうか、全面戦争の危険を冒すかの二者択一ではなく、アメリカは代わりに、「平和で安定した世界の利益を侵食する兆候をロシア人が示すあらゆる場所で変わることのない対抗力（counter-force）によってロシア人に対抗するよう考案された……ロシアの拡張的な傾向に対する長期の、忍耐強く、確固とした、注意深い封じ込め」を推進すべきであった。

トルーマン・ドクトリンとX論文の間とその後には、封じ込めに実質と力を与えるため考案された二つの重要な措置がとられた。第一は、ヨーロッパへの大規模な援助政策であり、これは一九四七年六月にジョージ・C・マーシャル国務長官によって宣言された。「欧州復興援助計画」として公式に知られるようになるこのマーシャル・プランは、一九五二年が終わる時点までに、産業の回復をもたらし、困窮と失業、無秩序と共産主義を一掃するために一三〇億ドルもの援助資金が拠出された。重要なことには、援助資金はひもつきではなく、たとえば、アメリカの納税者が国内で享受していなかった包括的な社会保障国家を建設することなど、受益国は援助資金を彼らが望むほとんどいかなる目的にも使用できた。こうした寛容さは、西ヨーロッパを経済的にダイナミックにし、強力に反共とし、アメリカにとって忠誠深い同盟国とする隠された動機を持っていた。それはまた、戦争の終結が大恐慌への回帰をもたらすのではないかというワシントンとニューヨークの懸念を和らげることにも役立った。

第二の封じ込めの基本構成要素は、議会が〔一九四八年七月に〕国家安全保障法案を可決した翌月に訪れた。この単一の法制は、中央情報局（CIA）、統合参謀本部、国家安全保障会議（NSC）、国防総省を創設した（もしくは、その創設の基礎を提供した）。言い換えれば、この法案は、国家安全保障国家を生み出し、数年間にわたり、この冷戦を戦うためのますます複雑で秘密の制度的な機構は、アメリカの生活そのものの輪郭を形成するようになっていく。一九五二年〔一一月〕の国家安全保障局（NSA）の設立は、国家安全保障国家を形成するための最後のピースを埋めることとなった。

ケナンの後年の後悔にもかかわらず、「対抗力（counter-force）」という用語は、封じ込めが相当に軍事化された性格を持つであろうことを暗示していた。軍隊や情報収集、スパイ活動が利用する恒常的に動員された業務を生み出すことによって、国家安全保障法はそのことを確実なものとした。アメリカ史ではじめての平時の恒久的な軍事徴兵を制度化した一九四八年〔六月〕の選抜兵役法も同じ効果を持った。翌年には、北大西洋条約機構（NATO）がアメリカ史ではじめての恒久的な同盟となった。

こうしたことは、アメリカの外交上の伝統における原理的な変化となった。単独主義はまだ死んでいなかったが、それはますます強力となる国際主義と折り合いをつける必要があった。もう一つの重要な分水嶺は、一九五〇年四月にNSCスタッフが六八号の報告書をまとめた時に訪れた。単純に「NSC六八」として知られるが、この文書は、世界を奴隷の半分と自由の半分に分け、両者は共存できないと予言していた。これは、ただ世論を左右するために構想されたレトリックではなく（NSC六八は機密扱いで、一九七五年まで公開されなかった）、むしろ、トルーマン政権内の真の恐怖を表明したものであった。NSC六八の最も重要な結果は、アメリカの軍事支出を連邦政府全体の予算のおよそ三分の二まで引き上げることになるのだが、国防費を三倍にするという勧告であった。

朝鮮戦争、グローバル冷戦

NSC六八の起草者たちは、もともと彼らの報告書を一九五〇年四月に提出したのだが、トルーマンは、それはあまりに多くのものをあまりに性急に要求するものであると考えた。彼は、こうした大規模な国防予算を期間が不定のまま始めてしまうことを懸念し、その報告書を棚上げした。四月から九月の五ヵ月の間で、彼が意見を変化させたのはなぜか？

その答えは、ワシントンでも、モスクワでさえなく、その当時までアメリカの国益にとって周辺的な地域でしかなかった朝鮮半島に見い出すことができる。朝鮮は、一九〇五年から一九四五年まで、日本の植民地であった（一九〇五年一一月に日本は、大韓帝国（韓国）に統監府という支配機関を設置し、一九一〇年八月に日韓併合をした〕。第二次世界大戦後の秩序を維持するために、ソ連軍が北部朝鮮へ進駐し、米軍が半島の南部半分を占領した。彼らのプレゼンスは、日本の植民地支配と戦っていた朝鮮ナショナリストの勢力とほぼ重なっていた。すなわち、共産主義勢力は北部を支配し、反共の勢力は南部で支配的であった。しかし、どちらもすべて朝鮮のナショナリストたちであり、日本が去ると、闘争は誰が独立した朝鮮を統治するのかという問題へと変化した。朝鮮の非公式の分断は、一九四八年に別々の国家を建設することで恒久的な性格を帯び始めた〔八月に大韓民国（韓国）、一〇月に朝鮮民主主義人民共和国（北朝鮮）が建国された〕。それ以前の合意に基づき、ソ連とアメリカの占領軍は、朝鮮から撤退し、朝鮮の指導者に彼らの相違を解決させることとなった。金日成が指導する北朝鮮は、一九五〇年六月に南部を侵略し、米軍が直ちに、現在では南朝鮮〔大韓民国〕と呼ばれる国家を支援することとなった。

こうした朝鮮戦争の勃発、特にトルーマンの南朝鮮を防衛する決断は、二つの重大な結果をもたらした。第一に、冷戦をグローバル化させた。毛沢東の中国共産党は、一九四九年一〇月に北京で政権を発足させたが、トルーマンと彼の側近たちはパニックには陥らなかった。事実、彼らは忍耐強く、中華人民共和国が将来、ソ連にとって事実上の競争相手となるであろうと予測していた〔中国のチトー化〕。ちょうど日本による真珠湾への攻撃が遠く離れた地域紛争を単一の世界戦争へと変容させてしまったように、北朝鮮による侵略は、それまで広範囲にわたっていた紛争を相互に結びついたグローバルな紛争へと統合する一連の出来事をもたらすこととなった。第二に、朝鮮戦争は、アメリカの対外政策を軍事化した。朝鮮戦争は、トルーマンと彼の政府高官たちを、世界規模の共産主義者の共謀が断固として行進しており、それを止める唯一の方法はできる限り強固な封じ込めをとることであると確信させた。同じ理由から、朝鮮戦争は、アメリカ国民を震え上がらせ、国内で反共の魔女狩り、すなわち、「マッカーシズム」としてより知られる運動を扇動することとなった。こうした結果、アメリカの対外関与をより強硬なヴァージョンの封じ込めへとさらに強化することになった。NSC六八で骨格が示されていた通り、国防予算が三倍となったことに加えて、アメリカは一九五二年〔一一月〕には、日本に投下された原子力爆弾よりも数百倍も強力な世界ではじめての水素核兵器〔水爆〕を爆発させた。

朝鮮戦争の休戦は一九五三年に、〔一月に〕トルーマンが政権を去り、〔三月に〕スターリンが脳卒中で亡くなった数か月後〔七月〕になってようやく実現した。その時までに、世界は大きく三つの陣営に分かれていた。すなわち、ソ連が指導する共産主義者たちの世界と、アメリカが指導するリベラルな資本主義の世界、いわゆる「自由世界」、そしてインドやインドネシアといったメンバーが米ソの二つの世界に参加することを拒否したため、「第三世界」と呼ばれるようになった世界である。朝鮮半島や東南アジア、中東、アフリカ大陸、ラテン・アメリカなど、それら三つの世界が出会う隙間となった空間は、歴史家のポール・チャンバーリンが「冷戦の殺戮場（Cold War's killing fields）」と呼んだものを生み出す衝突へと至った。冷戦はまた、「分断国家（divided statehood）」という現代の主権の新しい現象をもたらした。たとえば、朝鮮とヴェトナムは、南北に分断され、お互いに自らが民族を唯一代表する存在であると主張した。ドイツも、同じ境界線で東西に分断された。国共内戦に敗北した反共の国民党勢力が一九四九年秋に台湾に亡命し、中華人民共和国に挑戦した時に、中国本土から離れたものとして台湾をみなすようになった中国も同じであった。

帝国の終わり

朝鮮戦争は、超大国の緊張による直接の産物であったが、朝鮮のナショナリズムの異なるヴァージョンの間の衝突は、冷戦と密接に絡み合うが、冷戦から独立したもう一つの現象、すなわち「脱植民地化（decolonization）」の結果でもあった。一四九二年に始り、二〇世紀まで継続した残りの世界をヨーロッパが支配する時代は、終焉に向かいつつあった（図5－1）。

第二次世界大戦は、アジアやアフリカでの植民地帝国を弱体化させた。日本は、マラヤ（今のマレーシア）とシンガポール、香港、ビルマ（ミャンマー）からイギリスを追い出し、オランダ領インド（インドネシア）からオランダを追い出し、ヴェトナムとカンボジア、ラオスからフランスを追い出し、フィリピンからアメリカを追い出した。たとえば、イギリスが統治したインドのように、ヨーロッパの帝国が日本軍の進撃を押しとどめた場所でさえ、帝国を安全に維持するために必要な財政的かつ軍事的な資源とともに、帝国の権威のオーラは粉々に砕け散った。それから同盟国（連合国）は戦争に勝利し、満州と朝鮮、台湾の日本自身の植民地体制は終わりを迎えた。日本人が事実上打ち負かされた時に、彼らは、これら諸国のすべてを力の真空のまま置き去りにしたのであって、反植民地主義で独立を支持するナショナリストの運動がそれを埋めるつもりでいた。戦前の東アジアでは、中国と日本、タイだけが植民地化されていなかった。戦後、ヨーロッパの帝国は彼らの権威を取り戻そうと奮闘したが、

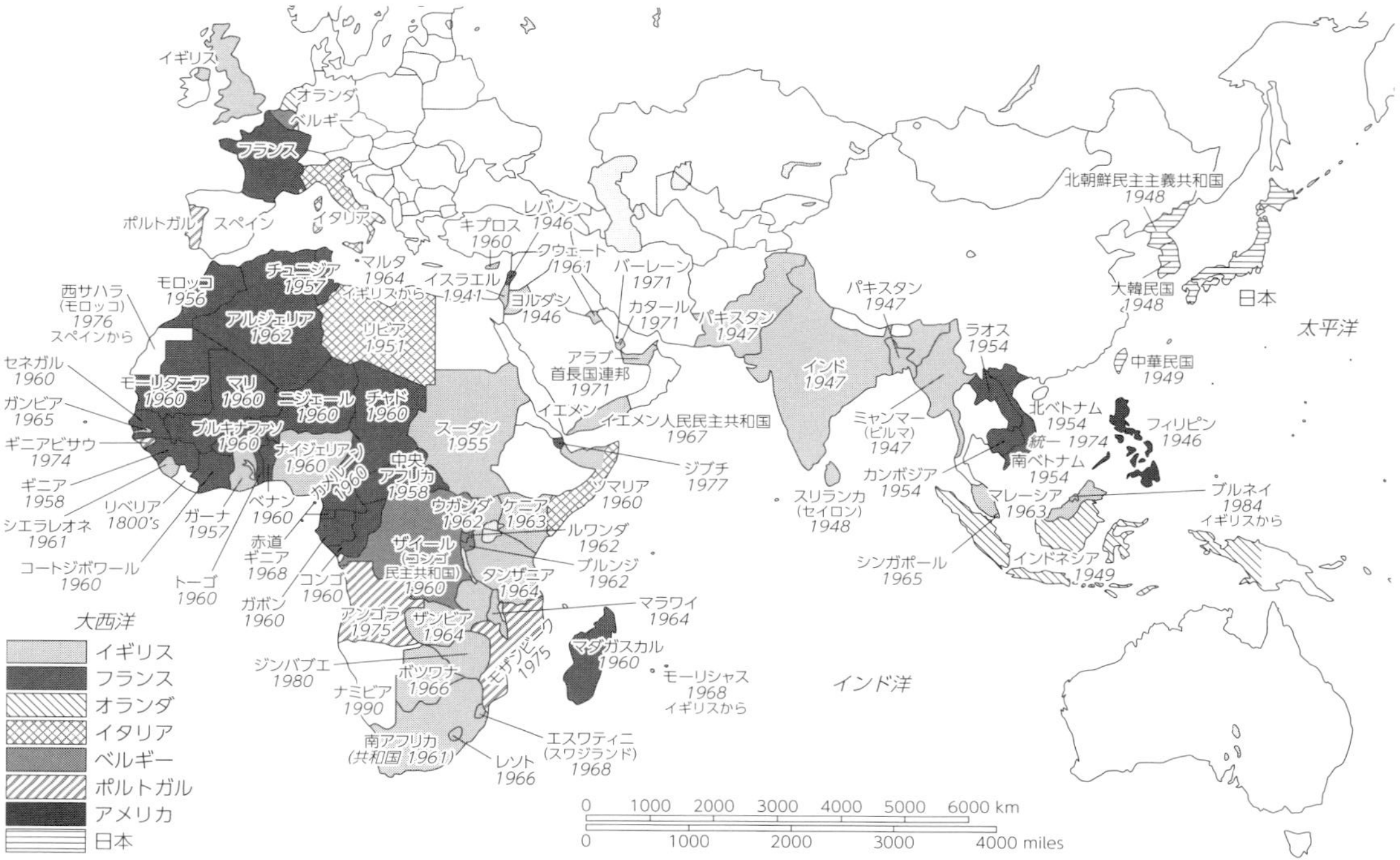

図5－1　1945年以降のアジアとアフリカの脱植民地化

出典：島村直幸『国際政治の〈変化〉を見る眼——理論・歴史・現状』晃洋書房，2019年，146頁.

一〇年も経たないうちに、大陸はほとんどが自らを統治するようになっていた。

ヨーロッパ人は、植民地帝国からしばしば不承不承ながら撤退した。たとえば、ポルトガルは、主要な植民地を手放す最後の主要な帝国となったが、一九七〇年代になるまでそうしなかったし、砲撃の下でようやくそうしたのであった。こうして、ヨーロッパ人は代わりに、新しいヨーロッパを構築するために内側に眼を向けた。西ヨーロッパでは、アメリカの同盟国が〔一九六七年七月〕ヨーロッパ共同体（EC）となり、最終的には〔一九九三年一一月〕欧州連合（EU）となるものの中核を形成した。この巨大な自由貿易圏は、一九九〇年代に重要な政治的かつ軍事的統合のプロジェクトに変身した。三〇年間の戦後復興は「奇跡」と呼ばれたが、経済成長と政治的な協力への刺激として、ヨーロッパ統合のプロジェクトは、ヨーロッパがお互いに戦い合うことを遠ざけるため、また強力な反共の立場をとる急成長の民主主義国家を形成するため、アメリカから強力な支持を獲得した。ワシントンの立場からすれば、ヨーロッパ大陸の統合以外に後退する帝国にとって代わるものは存在しないのであった。

脱植民地化の混乱したプロセスは、中東地域にもう一つの主要な発火点を生み出した。一九四八年に、イギリスはパレスチナの委任統治をあきらめた。この地は、かつてオスマン・トルコ帝国の領土であったが、第一次世界大戦の終結後、イギリスの手に落ちていた。パレスチナのシオニストたちがイスラエルというユダヤ国家の建国を〔一九四八年五月に〕宣言し、トルーマンはわずか一一分後に国家承認した。トルーマンは、国務省と国防総省の助言に反して、そうした。国務省と国防総省は、アメリカの利益は、アラブ諸国が世界の石油の主要な供給源となりつつある時に、一致団結したアラブの反対に直面して深慮さが要求されると主張した。トルーマン（とその後のアイゼンハワー）がアラブの石油製造者たちとの密接なパートナーシップを目指していた時期であったにもかかわらず、トルーマンはとにかく自分の思い通りにやったのである。たとえイスラエルとサウジアラビアの両国が強力な地域的かつ宗派間のライバル関係にあったとしても、アメリカがイスラエルとサウジアラビアとの間で同時に、二つの最も緊密なパートナーシップを形成したということは、二〇世紀の半ばにアメリカが担っていた覇権的な役割について多くを物語っていた。

冷戦は、脱植民地化を他の場所でも招き寄せたが、アメリカの国内でさえ招き寄せたのであった。奴隷制は、南北戦争とともに終わったが、アメリカの南部の白人たちは、一般に「ジム・クロウ（Jim Crow）」として知られる新たな人種ヒエラルキーを作り出した。こうした固定的に分離された社会は、白人の優位を法的に認めさせた上で、白人と黒人を隔離していた。アフリカ系アメリカ人は、投票権をはじめとして、一連の憲法上の権利を剥奪されており、経済的には従属の状態に置かれていた。黒人の活動家たちが、ジム・クロウを終わらせるためのキャンペーンを世紀の転換点から始めていたが、ほとんど成功はしていなかった。しかし、冷戦が彼らの大義名分に予期せぬ後押しを与えることになる。アメリカは冷戦期に、自らを「自由世界」の指導者として描き、ソ連の共産主義を「奴隷制」と呼んだが、こうした主張は、ただ肌の色のためにアメリカの市民が基本的な権利を否定されている時に、アメリカの国内で鳴り響くこととなった。ソ連はもちろんのことアメリカの人種差別をプロパガンダで顕著に批判したが、世界中の何十もの他の国家も（それらの国家の多くは新しく独立したアフリカの国家であり、またそれらの国家のすべてがソ連の同盟国であったわけではなかったけれども）強い関心を持った。

多くの面でイメージをめぐって戦われる冷戦では、ジム・クロウの人種差別は、アメリカにとって深刻な弱点となっていた。ワシントンは、伝統的に南部での人種問題の改革に後ろ向きだったが、共産主義からの政治的な攻撃を退けるために、重い腰を上げ、公民権の改革をついに支持することとなった。その転換点は、一九五七年〔九月〕のアーカンソー州のリトル・ロックで、黒人の学生たちがそれまで白人だけであった高校の授業に参加しようとした時に訪れた。ドワイト・アイゼンハワー大統領は、世界中に伝えられた醜いシーンとなるが、リトル・ロックの学校の人種差別廃止を保証するために州兵（National Guard）を投入した。その時点から、外国からの圧力と冷戦の責務が公民権運動に国内での自由のための闘いで大きな影響力を及ぼすこととなった〔その後、一九六四年七月に公民権法、一九六五年八月に投票権法が成立した〕。

「危機の年」

冷戦の開始から一〇年が経つと、冷戦は緊張と恐怖の均衡した状態へと至った。アメリカとソ連の力が微妙に均衡するが、しばしば脱植民地化している地域や非同盟の地域での予期せぬ出来事にかき乱される双極（bipolar）の世界は、それ自体推進する論理を持ったシステムになっていた。共産主義の支配に反対する暴動が東ドイツ〔一九五三年〔六月〕〕とハンガリー〔一九五六年〔一〇月〕〕で起こり、一九五六年〔一〇―一一月〕にはスエズ運河をめぐって、イスラエルとイギリス、フランスが武装配備される形で短い戦争が勃発したが〔第二次中東戦争、スエズ戦争〕、冷戦そのものの進路をほとんど転換させることはなかった。

冷戦そのものの進路は、ヨーロッパ地域で決着のついていない緊張が不安定で危険な時期をもたらす脱植民地化の革命的な熱情と結びついた一九五八年から一九六二年の「危機の年〔crisis years〕」で大きく変化した。危機の年が終わった後もアメリカとソ連は最も強力な国家であり続けたが、両国が存在する世界はもはや両国の要求にしたがう世界ではなくなっていた。

危機の年は、よく知られた危機の舞台である分断された都市ベルリンで始まった。かつてのドイツの首都ベルリンは、ドイツそのものが東西に分断されていたように、〔鉄のカーテンの東側で〕東側地区と西側地区に分断されていた。ソ連のニキータ・フルシチョフ首相とアメリカのアイゼンハワーは、行き詰まりを解決するために一九六〇年〔五月〕にパリで首脳会談を開催しようとしたが、ソ連の対空防衛システムがロシアの上空を飛行していたアメリカのU２偵察機を撃墜した時に、フルシチョフは、激しく激怒し会談から退席した。

こうした国際状況が、ジョン・F・ケネディ〔JFK〕が一九六一年一月にアイゼンハワーにとって代わった時の状況であった。ケネディは、核戦争を引き起こしかねない危険を冒してまでも、ベルリンで軍事行動をとることを真剣に検討し、アメリカとソ連の戦車がお互いに照準を合わせ、チャーリー検問所で向かい合っていた。しかし、真の圧力は、フルシチョフの肩にかかっていた。ベルリン全体の重要性は、シンボルとしての側面から派生するものであった。つまり、西ベルリンと東ベルリンは、特にリベラルな資本主義の成功と共産主義の失敗を象徴する小世界であり、西ベルリンへの難民の持続的な流出がそうした現実の強力な証拠となっていた〔特に一九六一年の最初の半年間で、西ベルリンへの難民は一〇万人を超えていた〕。八月にフルシチョフは、ベルリンの東西間に壁を建築させることを決断した。一九六一年八月一三日の夜に構築された間に合わせの木材でできた壁と有刺鉄線が、人の移動を物理的に止め、戦争の恐れを終わらせたのである。まもなくレンガとモルタルでできた壁が構築され、「ベルリンの壁」として知られるようになり、すぐに冷戦そのものを象徴するようになった。JFKは、フルシチョフの残忍だがすばやい決定的な行動にすぐに安心した。「壁は、戦争よりはずっとましな地獄である」と彼は側近にもらしている。

ベルリンは、ケネディが直面した最も深刻な戦争の恐怖ではなかった。それは、一年後〔一九六二年一〇月〕のキューバで訪れた。その島は、アメリカ・スペイン戦争と善隣外交の間、名前以外アメリカの植民地であり、独立した後も依然として経済的にアメリカに従属したままであった。一九五三年〔七月〕に共産主義者に影響され、フィデル・カストロに指導された革命家たちが、その国の独裁者のフルヘンシオ・バチスタに挑戦する運動を立ち上げた。六年後〔の一九五九年一月〕、革命家たちはハヴァナで政権の座を握り、ほとんどがアメリカのものであったが、外国が所有していたビジネスを接収した〔キューバ革命〕。カストロが権力を固め、さらに左へ傾斜するにつれて、ケネディは、アメリカによって極秘に資金援助を受け、組織化された反カストロの亡命キューバ人たちによるキューバ侵攻を決断した。一四〇〇人強の侵攻軍は、〔一九六一年四月に〕不吉な名称のピッグス湾に上陸したが、カストロの戦闘で鍛えられたより強力なキューバ軍にまったく歯が立たず、ケネディは、侵攻軍を隠密のアメリカの介入で救済すべきであるという圧力に抵抗した。

ピッグス湾事件は、ただ帝国的で偽善的に見えただけではなく、おそらく最もダメージとなる形であったが、ケネディ大統領が弱腰で無能にも見えたがために、ケネディ政権にとってやっかいな出来事となった。完全な失敗によってケネディにさらなる圧力がかかったが、カストロをソ連の陣営に固く歩み寄らせてしまうというより深刻な結果ももたらされた。カストロは、左派のナショナリストの革命家であったが、一九六一年になっても傾倒した共産主義者にはなっていなかった。そうしたあいまいさは、ピッグス湾事件の後に消えたが、ケネディが「マングース作戦」と名づけられたキューバに対する経済闘争の持続したプログラムを打ち上げた後は特にそうであった。

フルシチョフは、キューバ侵攻の再発を防ぐために、またソ連の戦略的に不利な状況を改善するためにも、キューバに核ミサイルの基地を建設するというカストロの要求に合意した。ソ連海軍は秘密裡に、一九六二年の夏の終わりにキューバに兵器を艦艇で運んだ。キューバ上空を飛行したU2偵察機がキューバ島にミサイルが配備されている写真を撮影した。JFKは、一〇月一六日の朝にその事実を知らされた。

間違いなく、キューバ・ミサイル危機は、世界が消滅に最も近づいた歴史の瞬間となった。アメリカとソ連、キューバの三者が打撃を与え合うような数多くの瞬間があった。そうした対立は、ほとんど確実により大きな戦争へと発展しかねないものであった。ケネディは、たとえそれらが何ら追加の戦略的な脅威をもたらすものではないとNSCで合意したとしても、キューバに配備されたソ連のミサイルのプレゼンスを受け入れることはできないと感じていた。ケネディは、アメリカの冷戦の敵を前にして弱腰だと見られることを望んでいなかった。彼は間違いなく、中間選挙を数週間後に控えて、国内で面子を失う事態を望んではいなかった。したがって、彼は、大いに象徴的で政治的な理由から、強硬な態度をとり、戦争の危険を起こすことを決断した。ソ連の艦艇がキューバに近づくと、アメリカ海軍が海上封鎖（「封鎖（blockade）」は国際法上戦争行為にあたるため、遠回しに「隔離（quarantine）」と呼ばれた）を行い、すべての船を停止させ、武器を搭載していないか検査することを要求した。高度に緊張した数日と大急ぎの秘密交渉の後、ソ連の艦艇は、〔隔離線を前にして〕引き返した。これに対して、アメリカは、キューバに二度と侵攻しないことを約束し、トルコから核弾頭を搭載可能なジュピター・ミサイルを秘密裡に撤去することに合意した。こうして、米ソの指導者の役割は、一年前のピッグス湾事件から逆転することとなった。つまり、キューバ・ミサイル危機後は、ケネディの役割は政治家の資質があるように見えるようになり、フルシチョフの役割は間抜けなものに見えるようになったのである。

皮肉なことに、キューバ・ミサイル危機の回避は、米ソ両国を少なくともお互いの関係を「デタント〔緊張緩和〕」として知られる相対的な平和と平穏の一五年間へと導くこととなった。リチャード・ニクソンがその後、その最も野心的なフェーズを経験することになるのだが、米ソ間で新しい実用的な関係を正式に開始したのは、ケネディであった。ワシントンとモスクワは、世界の破滅の瀬戸際にぐらつき、決して同じことを再び繰り返してはならないと誓ったのである。一九六三年〔六月〕に、キューバの恐ろしい記憶が彼らの意識に依然として鮮明なかで、米ソ両国は、危機をより迅速かつ直接に収束させるための信頼できる電話のホットラインを開設した〔ホットライン協定〕。彼らはまた〔イギリスとともに〕、限定的な含意にもかかわらず、事実上大気圏内の核実験をかなり包括的に禁止することになる部分的核実験禁止条約〔ＰＴＢＴ〕を〔八月に〕締結した〔交渉でのマクミラン要因は無視できない」。ケネディは、デタントの開始と今ではみなされる一九六三年六月の〔アメリカン大学での〕演説で、以下の通り、宣言した。「というのも、つまるところ、最も基本的な共通のつながりは、われわれすべてがこの小さな惑星に住んでいるということです。われわれはすべて、同じ空気を吸っています。われわれはすべて、われわれの子供たちの未来を大事にしています。われわれはすべて、やがては死ぬ運命にあるのです」。

同じ年、ロバート・S・マクナマラ国防長官は、相互確証破壊（「MAD」というふさわしい頭文字で表現される）と呼ばれるドクトリンの存在を正式に発表した。MADは、米ソ両国が戦争は自殺行為になることを知っているために、お互いに相手国を抑止できるということを意味していた。まさに狂っている（mad）ように見えるかもしれないが、核兵器の出現は、全体戦争に終わりをもたらし、冷戦を超大国同士の平和の時代とした。しかし、悲惨な皮肉は、まさにデタントが開始した時に、アメリカが東南アジアで長くて破滅を招く戦争に乗り出してしまったという事実に見い出すことができる。

ヴェトナム戦争

デタントは、超大国間の緊張が一九七〇年代後半に冬眠状態から再び現れるまで継続した。その時までに、モスクワとワシントンの関係は、外交と直接の接触によってお互いの相違を建設的に制御できるという共有された構想によって統治されていた。しかし、このことが一九六〇年代初頭から一九七五年の共産主義者たちの勝利まで続いたヴェトナム戦争をもたらすことになる。なぜ冷戦の最も血塗られた紛争が、まさに主要な敵対者同士が休戦を宣言した瞬間に勃発してしまったのであろうか？

主要な理由は、デタントが冷戦を終結させたわけではないという事実に見い出すことができる。デタントは、ただ緊張を制御するプロセスであったのであり、緊張を終結させるものではなかった。こうした理由から、超大国同士がベルリンやキューバをめぐって核戦争に接近したという事実が、事実上、ヴェトナムをめぐる戦争の可能性を増大させたのである。ヨーロッパ地域とカリブ海での緊張は、第三次世界大戦が勃発し、地球を破壊することを回避するために和らげる必要があった。しかし、核兵器は、ヴェトナムではどちらの側にとっても軍事戦略の一部とはならない。そのため、紛争がグローバルに拡大していくことは、かなりの程度より少ない。デタントがまさに緊張の緩和をもたらした一方で、そのことは米ソ両国が可能な場所で自らの信頼性（credibility）を強化する必要があったということを意味したのである。ケネディと彼を継承したリンドン・B・ジョンソンは、ソ連がアメリカの全体のコミットメントからの撤退に弱さを見い出すであろうことを恐れていた。そうした事態は次いで、デタントの有効性を減少させ、ソ連が世界を一九六一年のベルリンや一九六二年のキューバのような地点に引き戻してしまうような向こう見ずで危険な賭けをますます犯してしまうであろうと懸念された。アメリカの政府高官たちは誤って、デタントは事実上、ヴェトナムのような場所で強硬な姿勢を維持することにかかっていると考えていた。

ヴェトナム戦争がデタントと同時進行したもう一つの理由は、ワシントンがモスクワとの緊張を緩和させようと決意した一方で、北京は別の問題であったということである。ヴェトナムで共産主義の拡大に反対して一線を引くということは、常にソ連の封じ込めというよりはずっと中国の封じ込めという側面が強かった。一九六二年から一九六三年のヴェトナムでの出来事は、戦争のアメリカのフェーズ（「第二次インドシナ戦争」としても知られる）が発生したことを意味した。このことは、デタントの開始だけでなく、世界の二つの主要な共産主義国家の間の同盟の救いがたい後退の兆しともなった。中ソ対立は、一九五〇年代にはすでに見え始めていたが、一九六二年により広い亀裂をもたらした。それはまた、キューバ・ミサイル危機の産物でもあった。というのも、中国の指導者である毛沢東がそれを世界規模での社会主義運動の惨めな屈辱と見たからである。彼は、そのように弱腰ではないことを誓った。こうして、中国が冷戦の穏健化に抵抗することをますます決意するにつれて、アメリカは中国を阻止することをますます決意した。こうして、米中両国が事実上、お互いに対峙した場所の一つがヴェトナムであった。

アメリカのヴェトナムでの戦争は、それまでのコミットメントの積み重ねからも説明できる。ヴェトナムのための闘争は、いくつかの段階を経験してきた。第一次インドシナ戦争は、一九四六年（一二月）から一九五四年（八月）までのフランスと共産主義者が指導するヴェトミンとの間の紛争であった。ワシントンは一九五〇年に、南ヴェトナムの反共産主義者たちを支援する形でこの紛争に関与した（五月に決定）。一九五四年（七月）にフランスの撤退の条件を解決するためのジュネーヴ会議で、ヴェトナムはいったん、サイゴンから統治される反共産主義の南部とハノイから統治される共産主義の北部に北緯一七度線で分断されることになったが、アメリカは強引に振る舞った（ジュネーヴ協定に調印しなかった）。二年以内に南北統一選挙でヴェトナムを統一することを謳ったジュネーヴ協定の精神に反して、アメリカは、（一九五五年一〇月に）南ヴェトナムを独立国家（ヴェトナム共和国）とするための「国家建設（nation-building）」の過程に乗り出したのである。アイゼンハワー政権がアメリカの政策を「ドミノ理論」の論理で説明するようになったのは、このあたりの時期であった。ドミノ理論とは、たとえば、もしヴェトナムが共産化したら、まるでドミノの駒が倒れるように連鎖反応を引き起こし、アジアの多くの国家が共産化してしまうであろうという考え方であった。

したがって、ケネディが一九六一年に大統領になるまでに、アメリカは一〇年間、分断された非共産主義の南ヴェトナムを支えるためにいくつかの形態で関与してきた。このことは、アメリカの戦争が勃発することが不可避であったということを意味しない。なぜなら、ケネディ政権や議会の上下両院、マスメディアなどワシントンには一九六一年の段階では介入に反対して助言する人々が多数存在していたからである。しかし、このことは、これら反戦の支持者たちが近年の歴史の流れに逆らって反対していたことを意味した。

ケネディが大統領になった同じ年に、ごく近年（一九六〇年一二月）に結成された南ヴェトナム民族解放戦線（NLF、一般に「ヴェトコン（Vietcong）」や「VC」として知られる）が、サイゴンの政権に対して高度に効果的な反乱を立ち上げた。JFKは、南ヴェトナムのためにアメリカの軍事支援を強化することで対応した（一九六一年一一月に決定された）。彼が一九六三年一一月に暗殺されるまでには、一万六〇〇〇人以上のアメリカの「軍事顧問団」が南ヴェトナムに駐留していた。同じ月に、アメリカに秘密裡に支援されたクーデターで、南ヴェトナムの軍の将校たちは、国家の大統領であるゴ・ジン・ジェムを殺害した。ジェムは、国家の多数を占めた仏教徒たちに敵意を抱かせ、仏教徒の焼身自殺など恐ろしい反抗の動きを引き起こしていた。ワシントンの立場からさらに悪いことには、ジェムは、ハノイとＮＬＦに和平の密使を送り始めていたのであった。

ジェムの転覆は、サイゴンにいくつかの政治的な不安定を引き起こし、反乱側はただ喜んでこの機会を利用した。同時に、ケネディの暗殺は、リンドン・ジョンソンをホワイトハウスの主の地位に押し上げた。彼は、少なくとも許容可能な負担でアメリカが打ち勝つことができるのか疑問を抱いていたと同時に、彼の前任者たちであるトルーマンとアイゼンハワー、ケネディによって支持されてきたコミットメントに背を向ける結果も恐れていた。

反乱は、一九六四年の間、増加し続けて、一九六五年二月までには、アメリカが何か劇的な行動をとらなければ、南ヴェトナムが崩壊する可能性が大いにあった。どちらも甚大なコストをもたらし、明らかに得られる利益はほとんどない「エスカレーションか撤退かと」いう苦痛をともなう選択に直面し、ジョンソンは、彼が最も小さい悪と考えたエスカレーションの選択肢を選んだ。「ローリング・サンダー（轟く雷鳴）作戦」とふさわしく名づけられた南ヴェトナムに対する大規模な空爆作戦が、三月二日に開始され、一週間以内に米海兵隊の大隊からなる最初の米地上軍がダナンに上陸した。もし南ヴェトナムが戦争に勝利できなければ、ジョンソンは、南ヴェトナムから引き継ぐ形で、戦争をアメリカ化するつもりでいた。

ジョンソンの二人の最も重要な助言者である、（サイゴンから戦争を指揮していた）ウィリアム・ウェストモーランド将軍とマクナマラ国防長官は、軍事テクノロジーと火力でのアメリカの圧倒的な優位に依拠した。ウェストモーランドは、対ゲリラ戦の複雑さを正しく理解していたが、アメリカが数多くの主要な劣勢に直面する紛争では、この理解は彼にとってほとんど役に立たなかった。この対ゲリラ戦略の一つの側面は、北ヴェトナムと南ヴェトナムの両方に対する大規模な空爆であり、ローリング・サンダーは唯一の最も重要な作戦であった。ヴェトナム戦争の終結までにアメリカは、第二次世界大戦ですべての交戦国が世界中で投下したよりも多くの爆撃トン数をヴェトナムに投下したが、この数字はラオスとカンボジアに投下された数百万トンの爆撃数を含んでいない。実際のところ、アメリカは戦争中、敵国である北ヴェトナムよりも同盟国の南ヴェトナムの領土により多くの爆撃を投下したが、このことはアメリカの戦略の正道を踏み外した論理を明白に物語っていた。もう一つの側面は、「索敵殲滅（search and destroy）」作戦として一般に知られる南ヴェトナムの地上でのウェストモーランドの戦略であった。第三で最後のアメリカの戦略の側面は、ジョンソンが「他の戦争（the other war）」と呼んだ、南ヴェトナムのいくつかの農村部を制圧し、土地改革のような明確な社会変化をもたらすことによって共産主義者のプロパガンダを中立化する努力であった〔戦略村計画〕。

一九六八年初頭のテト攻勢を受けて、ジョンソンは、戦争が行き詰まりの状態になり、自らが一一月に〔大統領選挙で〕再選されないことを理解した。彼は〔三月に〕、〔大統領選挙への〕不出馬の決断を表明し、ローリング・サンダー作戦を停止して、パリでハノイとの停戦交渉を始めた。南ヴェトナムへのアメリカのコミットメントは致命的にむしばまれ、リチャード・ニクソンがヴェトナム戦争を終結させるためのあいまいな保証で〔「戦争終結のための秘密のプランがある」という発言〕、一一月の大統領選挙に勝利した。

戦闘の戦術的な複雑さ、多くの民間人の戦死者とアメリカ人の戦死者、屈辱的な行き詰まりはすべて、ヴェトナム戦争に暗い影を投げかけていた。よりアメリカの評判を傷つけたのは、戦争で明らかとなった不道徳であった。ジョンソンは、共産主義が広がることを封じ込め、民主主義と自決を守る必要があると強調していたが、ヴェトナム人自身は、彼ら自身のサイゴンの腐敗した政府よりも共産主義をより支持しているように見えた。結果として、何百万人ものアメリカ人が、自らの政府と米軍がインドシナ半島で行っていたことに抗議した。ヴェトナム反戦運動は、人類史のなかで最も大規模な抗議運動となったが、アメリカ全土で何百万人にも上る一連の大規模なデモを展開した。何千人もの人々がワシントンの通りを行進し、バークレー大学やウィスコンシン大学、ミシガン大学、コロンビア大学、コーネル大学など国家を指導するような大学が反戦運動のために活動を停止した。

しかし、依然として戦争は継続した。直感的な理解にはまったく反するが、それは主として、ニクソンの戦争終結のための戦略の結果であった。ヴェトナム戦争は、多くの皮肉で満ちていたが、おそらく大規模なエスカレーションをともなって撤退するというニクソンの計画ほど皮肉に満ちたものはなかった。それは、国内政治の理由から、また米軍が抵抗の限界に達していたため、米軍をヴェトナムから撤退させることは避けられなかった。しかしまた、少なくともニクソンの考えでは、アメリカの新しい計画に確実に続く撤退の兆候によって南ヴェトナムが滅びないことも必須であった。

ニクソンは、彼の戦略を「名誉ある平和（peace with honor）」の一つとして説明した。しかし、「平和（peace）」とは、彼にとって、ただ米軍がヴェトナムの地上にいないというだけであって、戦争が存在しないという意味ではなかった。「名誉（honor）」とは、アメリカが独立した反共産主義の南ヴェトナムの国家としての存続を保証するという約束を維持するつもりであるということを意味した。言い換えれば、ニクソンは、ハリー・トルーマンまでさかのぼる前任者たちが追求したのとまさに同じ目的を追求したのである。その計略は、実際のところ、うまくやり遂げるために役に立つものであったが、ジョンソンが五〇万人以上をヴェトナムに派兵していた時に、ジョンソンに理解できなかった同じ目的をニクソンはいかに達成しようとしたのであろうか？　この不可能なことを企てるニクソンの主要な手段は、「ヴェトナム化」と呼ばれるもので、一九六五年にジョンソンがヴェトナム戦争をアメリカ化した政策を逆に戻すものであった。米軍が撤退するにつれて、南ヴェトナム軍が彼らの存在の肩代わりをする。このことは、アメリカによるサイゴンへのより一層の経済支援と軍事支援を必要とした。そのため、南ヴェトナムという小さな国家は、一九七五年には世界で最も大きな軍事国家の一つとなっていた。

ニクソンは、米軍なしでヴェトナム戦争に勝利するための大胆不敵な巧妙な策力を他に二つ展開した。一つは、北ヴェトナムへの爆撃行動を拡大させ、ラオスとカンボジアのそれまで立ち入り禁止であった攻撃目的まで爆撃行動を広げた。もう一つは、二〇世紀の外交戦略で最も独創的なものの一つを開始するものであった。すなわち、軍備管理の条約と定期的な首脳会談によってソ連とのデタントを制度化する一方で〔一九七二年五月にニクソン大統領は、モスクワを訪問した〕、同時に、〔朝鮮戦争以来〕二〇年以上、お互いに敵対的な非承認の関係にあった中国に接近したのである〔一九七二年二月の米中和解〕。その理論的な根拠は、〔特に一九六九年三月のダマンスキー島事件で〕中ソ対立が激しく深化するにつれて、モスクワと北京がワシントンよりもお互いを脅威に感じるようになったということであった。このことは、結果として、ニクソンと彼の主要な戦略家であるヘンリー・キッシンジャー〔国家安全保障問題担当大統領補佐官〕に彼らが必要とした有利な手段を与えた。中ソ二つの共産主義の国家は、ハノイに南ヴェトナムでの軍事行動を終結させるか、少なくとも停止させるよう圧力を加えることによって、ワシントンに取り入るであろう、とニクソンとキッシンジャーは期待した。

しかし、主要な問題は、こうした戦略が期待した通りには、まったく機能しなかったことである。ヴェトナム化は、大規模だが非効率な南ヴェトナム軍を生み出したが、戦闘で鍛え上げられ、士気の高い北ヴェトナム軍に容易に打ち負かされてしまうのであった。拡大された爆撃は、インドシナ半島全域をただ不安定にしただけで、共産主義者たちの戦争の努力に十分な損害を与えることはなかった。そして、外交が〔米中ソの大国間に〕新しい生産的な関係を生み出す上で役に立つ一方で、そのことでソヴィエトや中国が北ヴェトナムへの支援を和らげるようなことはまったくなかった。北ヴェトナムは、勝利が実現間近に迫りつつあったこともあり、いかなる圧力にもとにかく抵抗した。

一九七三年一月〔二七日〕に、キッシンジャーはパリで、北ヴェトナムのレ・ドク・トとの間で和平協定を締結し、四月までに最後の米軍が南ヴェトナムから撤退した。ほぼ二年後の四月三〇日には、北ヴェトナム軍の戦車がサイゴンを陥落させた。平和がついにヴェトナムに訪れたが、アメリカにはまったく名誉をもたらさなかった〔アメリカが懸念してきた共産化のドミノは、ヴェトナムとカンボジア、ラオスのインドシナ三カ国でのみ倒れた〕。

「グローバリゼーション2・0」

ヴェトナム戦争の終結は、アメリカの対外政策の手足を縛り、アメリカの国際的な評判を台無しにしてきた悪質で破滅的な争点を取り除くこととなったが、長期的により重要な進展は、ニクソンが中国と和解したことであった。ワシントンと北京がお互いに国交正常化を実現するにはさらに六年の月日を必要としたけれども〔一九七九年一月の米中国交正常化は一九七八年一二月に発表された〕、米中和解は、世界がよかれ悪かれ、少なくとも四〇年間の世界政治の進路を決定する方向にしたがって、国際システムの秩序を直ちに組み替えた。

水面下では、より大きな構造的な変化が起こりつつあった。最も重要なものは、グローバリゼーションの次のラウンドであった。グローバリゼーションは、二〇世紀の初頭に成熟し始め、連続した二度の世界大戦と世界大恐慌、初期の冷戦だけがその成長を妨げた歴史上のプロセスであった。グローバリゼーションは、一九六〇年代の終わりから一九七〇年代にかけて、西側諸国がお互いに貿易を自由化し、彼らの自由貿易協定を特に東アジアと東南アジアの「グローバル・サウス」の新興経済に拡大するにつれて、目覚ましく息を吹き返した。製造業がそれらの地域やラテン・アメリカへ移動するにつれて、アメリカ経済は、脱産業化し、ますます第三次産業に従事して、消費社会への志向を強めた。こうした変化に対応して、ワシントンは、アメリカ経済の規制緩和を次第に始め、特に金融サービスの規制緩和は、商品と資本のより自由な移動をさらにもたらした。新しいテクノロジーの出現も同じような変化をもたらした。たとえば、パーソナル・コンピューターやより強力なビジネスのためのコンピューターのシステム、人の労働にとって代わるロボット、大陸間を移動するジェット機による旅行の広がりや標準化されたコンテナ運送業といった輸送・運送の方式などである。ヴェトナム戦争の終結や米中和解、ヨーロッパ統合の深化と拡大などすべての新しい地政学も、グローバルな相互連結の成長をたきつける形で、グローバリゼーションの回帰を促進する上で一定の役割を担った。

グローバリゼーションはまた、アメリカが対外関係を導く方法を変化させた国際的なドクトリン、すなわち、人権〔human rights〕のドクトリンをもたらした。人権は、まったく新しい概念ではなかった。たとえば、アメリカの宣教師やその他の宗教的な人物は、一世紀以上にわたって個人の尊厳に基づいた対外政策を要求してきた。ウィルソンやフランクリン・ローズヴェルトといった大統領は、専制と抑圧に反対する十字軍を立ち上げた。国連は、一九四八年の世界人権宣言〔1948 Universal Declaration Human Rights〕で世界政治の核心に人権の概念を掲げた。封じ込めのイデオロギーは、共産主義者による個人の自由の侵害に対する反応として形成された。しかし、一九七〇年代までは、人権は、使命というよりもただのスローガンに過ぎず、アメリカの対外政策に影響を与える国民の十字軍の基礎となるものでは決してなかった。こうした状況は、一九七〇年代に変化し始めた。一九七五年〔八月〕には、アメリカとソ連、〔ヨーロッパの〕三三カ国の他の国々がヘルシンキ合意〔最終文書〕に署名したが、それは個人の人権の保護を核心の原理として含んでいた〔安全保障の第一バスケットと経済交流の第二バスケットと並んで、人権についての第三バスケットが採択された〕。一九七七年一月には、新たに就任したジミー・カーター大統領が就任演説で、人権に焦点を当て、彼の対外政策の中心に人権の争点を置くことで人権外交を最後までやり抜いた〔しかし、米中国交正常化では中国の人権状況に目を瞑り、中東地域でもイランの国王シャーを例外扱いした〕。

砂漠のなかへ

ヴェトナム戦争の終結は、米中和解とともに、アメリカの戦略的な眼を西側へシフトさせることとなった。それは、一九一四年以降、アメリカを夢中にさせた国際危機の第三の地帯であった。すなわち、第一にヨーロッパ地域に焦点が絞られ、その後、東アジアと東南アジアへシフトしたが、第三に中東地域へと再びシフトした。ヨーロッパとアジアは、アメリカにとって死活的な利益のままであったが、一九七〇年代までに、緊急の国際危機の地帯ではなくなっていた。

中東地域は常にアメリカの利益にとって重要であったが、少なくとも第二次世界大戦が終結し、サウジアラビアの石油の力が増大した以降、中心的な関心事ではなかった。このことは、一九六七年七月にイスラエルとそれを囲むアラブ諸国（エジプトとシリア、ヨルダン）との間で六日間戦争（第三次中東戦争）が勃発したことで変化した。イスラエルの驚くほど迅速な勝利によって、それまで温かい関係でもなく密接な関係でもなく礼儀正しい関係であったアメリカとの戦略的な関係が変容した。イスラエルが一度、数多くのアラブ諸国に囲まれても生き残る能力を示すと、イスラエルは、冷戦における鍵となる資産となった。さしあたり、まるでイスラエルそのものが征服され、ユダヤ人国家の実験が終わるように見えた一九六七年の戦争の結果として、決定的に、アメリカ国民のイスラエルへの支持は急上昇した。代わりに、イスラエル軍は、西岸とガザ地区として知られる領土であるかつてのパレスチナ人の委任統治領の一部を占領した。最も重要なことには、イスラエルは、エルサレムのすべてを統治下に置いた。エルサレムの東部には、旧市街と三つの宗教、つまり、ユダヤ教とイスラーム教、キリスト教にとって中心的な重要性を持つ聖地が存在する。勝ち誇った勝利に勇気づけられ、アメリカからの幸福感に満ちた支持もあり、イスラエルは直ちに、イスラエルそのものの主権の外側で、占領した領土にユダヤ人の入植地を建設する運命を決する決定をした。ワシントンは時々、この入植地政策に対して反対の意を正式に申し出るが、それを止めさせるために何もしていない。

次の一二年間は、しばしばイスラエルを支持するか、イスラーム原理主義の新しい現象に反対するかで、アメリカをさらに中東地域に引き込む一連の出来事をもたらした。一九七三年〔一〇月〕にもう一つのアラブとイスラエルの戦争〔第四次中東戦争〕が勃発し、再びイスラエルの圧倒的な勝利で終わった。アラブ諸国は、西側諸国とその同盟国に対して石油禁輸措置をとることで対抗し、エネルギー価格の急騰とグローバルな影響をもたらした世界経済危機〔石油危機、オイル・ショック〕を引き起こした。この影響には、南ヴェトナムをその崩壊へと導いた石油の不足とインフレーションの急上昇と、世界で最も大きな石油産出国であるソ連の計画経済への大きな刺激も含まれた。第二次石油危機は、一九七九年に、よりずっと重要で重大な出来事である〔一月からの〕イラン革命に続いて起こった。イランの権威主義的な国王シャーは、CIAの秘密情報官たちが彼を権力の座に就かせた一九五三年〔八月〕のクーデターを周到に準備した時以来、アメリカからの支援を享受してきたが、反政府のシーア派の原理主義者たちに直面して飛んで逃げた。シャーから権力を奪取した神政国家は、抗議する人々にテヘランのアメリカ大使館を占拠するようにけしかけ、続く一年半の間、イラン人は、五二名のアメリカ人大使館員を人質とした。一九七九年の終わり〔一二月〕には、ソ連軍がアフガニスタンに侵攻した。モスクワの目的は、ためらっている傀儡政権を支えることであったが、イラン革命と同時に、ジミー・カーター大統領には、アメリカの利益が重要な中東から締め出されているように思われた。一九八〇年一月に宣言されたカーター・ドクトリンは、必要であれば武力で、ペルシャ湾へのアメリカのアクセスを保護することを誓った。それ自体が、八〇年前にアメリカのグローバリズムにぬぐい去れない痕跡を残した門戸開放通牒の最新版なのであった。

第二次（そして最後の）冷戦

ソ連軍のアフガニスタン侵攻は、アメリカをより広大な中東地域に深く関与させただけではなく、デタントを最終的に崩壊させた。ヘルシンキ合意は、デタントのピークであっただけではなく、後知恵だが、デタントの後退も示していた。人権を擁護する人々は、超大国間の安定のためにアメリカの価値が犠牲にされていると危惧し、「核兵器による壊滅よりも高次の人権は存在しない」というキッシンジャーの訴えに懐疑的であった。アフガニスタンの出来事に対するカーターの強硬な反応にもかかわらず、ロナルド・レーガンは一九八〇年の大統領選挙で、封じ込めを復活させることに加えて、彼の選挙キャンペーンのスローガンの一つとして「アメリカを再び偉大にする（Make America Great Again）」ことを約束して、〔現職の〕カーターに容易に勝利することができた。レーガンは、国内で減税した時でさえ、国防予算を増加させたが、このことは世界を戦争の恐怖にさらしただけではなく、記録的な連邦予算の赤字へと導いた。一九八三年〔三月〕に、レーガンは、ソ連のことをトルーマン以降のそれまでの大統領がしたことがない言い方で、文明の範囲を超えて世界支配を目論む「悪の帝国」と呼んだ。水面下では、〔一九八三年一一月に〕「エイブル・アーチャ」と名づけられたNATOの軍事演習が実際のアメリカの攻撃を覆い隠すものではないかと恐れたソ連との間で、戦争が勃発する一歩手前まで危機を深めた。

デタントの希望に満ちていたが自己満足の一五年間の時期の後に、世界は、第二次冷戦〔新冷戦〕が一九六〇年初頭の危機以降、匹敵するものがない残忍さで超大国間の緊張を再開させるのを目撃することになった。これは、馴染みのあるパターンの繰り返しであった。一九七九年から一九八四年の時期は、世界の残りの国々がワシントンとモスクワの間で第三次世界大戦が勃発する見通しにおののく時で、緊張した危機の第三のフェーズを特徴づけていた〔第一のフェーズは一九四七年から一九五三年、第二のフェーズは一九五八年から一九六二年であった〕。たいていの複雑なシステムと同じく、たとえ特定の状況が異なっていたとしても、概して予測可能なやり方で潮が引き、潮が満ちた。しかし、今回は、第二次冷戦に続いたデタントは一時的な小康状態ではなく、冷戦が一九八九年に急速に終結へと向かうのであった。

世界は、出来事の驚くべき方向転換を感謝すべき人物が二名いる。第一の人物は、ミハエル・ゴルバチョフであり、一九八五年〔三月〕にソ連の指導者〔書記長〕となり、直ちに「グラスノスチ〔*glasnost*〕」で政治文化を解放し、「ペレストロイカ〔*perestroika*〕」でうまく機能しない指令経済を改革した〔対外的には「新思考外交」を展開した〕。これは、まさに一九一七年にレーニンが指導者になった時以来の革命的な変容であったが、革命ではなく改革で目的を実現するのがゴルバチョフの目的であった。彼は、ソ連そのものはもちろんのこと、ソ連の共産主義システムを崩壊させることを決して望んではいなかった。漸進的な動きであったが、グラスノスチとペレストロイカは、ソ連のシステムに依然としてあまりに大きな衝撃を与えていた。それらは、東ヨーロッパ地域のソ連の衛星国に広がりを見せる連鎖反応をもたらし、一九八九年までにそのプロセスは、止めることがもはや困難だと証明される勢いを獲得していた。その勢いを止める唯一の方法は、ゴルバチョフの前任者たちがそうすることを躊躇わなかったように、〔一九五六年〔六月〕のハンガリーでのフルシチョフ、一九六八年〔八月〕のチェコスロヴァキアでのブレジネフのごとく〕軍事力で介入し弾圧することであった。しかし、ゴルバチョフは、〔八月に〕東ヨーロッパ人たちがオーストリアや西ドイツへ難民として流れ、〔一一月に市民が〕ベルリンの壁を文字通り崩壊させた時に、躊躇した。赤軍はそれらを止める力を持っていたけれども、ゴルバチョフは赤軍を動かすことを拒否したのである〔ゴルバチョフは一九八八年一二月に、東ヨーロッパ諸国に対して「ブレジネフ・ドクトリンをもはや発動しない」と発言していた〕。

冷戦が平和裡に終結したことで賞賛すべきもう一人の人物は、おそらくより驚くべきことにロナルド・レーガンであった。共産主義に対して好戦的なレトリックとより多くの国防予算でアメリカの道徳的な十字軍を再び立ち上げたこの模範的な冷戦の闘士が、最終的には、二〇世紀の偉大な調停者の一人であることを証明した。彼がほとんどアメリカの条件で平和を実現できたということが、なぜ彼が国家の集団的な記憶のなかで迅速に神格化されたのかを説明している。

冷戦の神話に反して、レーガンは、多くの専門家が主張するように、屈服へと「ソヴィエトを破産させた」のではなかった。また、冷戦の闘士の強硬さで「共産主義をにらみつけて目を覚まさせた」

わけでもなかった。ソ連は、経済的な苦境に立たされていたかもしれないが、破産に近い状態にあったわけではなかった。たとえそうであったとしても、ソ連の軍事力は依然として東ヨーロッパの増大するリベラルな運動を抑圧する上で十分に強力なままであった。もしゴルバチョフのような改革派が一九八五年にソ連の指導者になっていなかったならば、平和裡であれ暴力的であれ、一九八九年から一九九〇年にかけて冷戦が終結することはおそらくなかったであろう。実際のところ、ソ連が依然として今日まで存続していた可能性が高い。ゴルバチョフは、グラスノスチとペレストロイカに乗り出した決定をした時に選択し、一九八九年に共産主義に反対する民主化の運動を弾圧しないと決定した時に選択したのである。一九八五年から一九八九年までのこの注目に値する四年間に起こったことすべてに、必然的なものは何もなかった。

しかし、レーガンも選択した。彼がゴルバチョフを額面価値で受け入れ、敵としてではなく平和のためのパートナーとして彼と交渉することを決定したことは、レーガンの永久に残る功績である。レーガンは、彼の助言者たちの助言に反して、将来の最善の進路としてゴルバチョフの改革を受け入れる選択をした。彼はまた、東西間の緊張からとげを取り除くためにお膳立てされた一九八五年（一一月）のジュネーヴや一九八六年（一〇月）のレイキャビック、一九八七年（一二月）のワシントン、一九八八年（五―六月）のモスクワと（一二月）ニューヨークでの一連の首脳会談でゴルバチョフと話し合う選択をした。二人の指導者たちが共有した思いやりは明らかであり、かつ明らかに真剣なものであった。彼らはいずれも、冷戦を終結させる新外交を展開することを期待されていなかったが、それがまさに起こったのであった。こうした機会を理解し、つかみ取ったために、レーガンは、ゴルバチョフとともに調停者として歴史に記録される価値がある。

ちょうど一九四〇年代後半に冷戦の開始の時点が正式に存在しないように、冷戦の終結の単一の時点も存在しない。冷戦は、まず構造的な諸力の増大によって立ち現れ、主要な瞬間に複数の個人の選択によって促進され、もっと大きなものへと具体化していった。こうしたプロセスは、冷戦が終結したプロセスでも同じであった。ベルリンの壁は、一九八九年一一月に〔市民の手で〕崩壊した。その後、ソヴィエトの力が基本的に弱まりつつあるなかで、冷戦がアメリカのリベラルな資本主義とソヴィエトの共産主義との間の優位（supremacy）をめぐる双極の闘争として継続することが困難になっていた。冷戦の緊張の主要な原因であった分断されたドイツは、〔一九九〇年の〕次の一〇月に再統一された。共産主義の指導者たちは次から次へと、〔一九八九年に〕東ヨーロッパ全体で権力の座から退いていた〔東欧革命〕。ワルシャワ条約は、一九九一年七月に消滅し、一二月にはソ連そのものが存在しなくなった。アメリカは、今や唯一の超大国となった。しかし、アメリカ人がすぐに気がついたように、優位にあるからといって力を行使しやすくなることはほとんどないのであった。

第六章 ハイパー・パワーとその不満

冷戦が終結し、アメリカは、一九四〇年以降直面したことがない状況にあった。それは、自らの国際的な存在が、全体主義との対照で定義されない状況にあった。一九九一年の世界におけるアメリカの状況は、もう一つの側面でも新しいものであった。すなわち、アメリカは、古代のローマ帝国の時代以来はじめて、比肩するものがいない優位（supremacy）の地位に上りつめたのである。アメリカは今や、超大国以上のものになっていた。分析者たちは、「単極（unipolarity）」としての状態に言及していた。この言葉は、意味としては非論理的であるが〔極（pole）が地球や磁石のようにプラスとマイナスで二つの存在を想定するため〕、二つの超大国がほとんど同じ程度に世界情勢の支配を共有していた双極としての冷戦の後にアメリカが獲得した優越（dominance）の規模をよく表していた。軍事戦略家たちは、より専門的にアメリカの「戦場のすべての次元を制御する優越（full spectrum dominance）」について言及していた。マデレーン・オルブライト国務長官のように、アメリカは世界をよりよい方向へ再建する力を持っていると信じる政府高官たちは、アメリカを「欠くことのできない国（indispensable nation）」として描いた。対照的に、アメリカの力に懐疑的な人々は、アメリカの力の規模だけではなく、その休むことのない行動主義をも意味する、フランスの外相ユベール・ヴェドリーヌが使った「ハイパー・パワー」という言葉に飛びついた。

そうした時代は、不確実な瞬間のアメリカと世界についての（不完全だとしても）思慮深い二つの分析によって最も的確に表現できると思われる。一九九二年に、スタンフォード大学の社会科学者であるフランシス・フクヤマが『歴史の終わりと最後の人間（*The End of History and the Last man*）』を出版し、冷戦の終結は人間の政治的発展の最終段階へ到達したことを意味する、と論じた〔論文「歴史の終わり?」は一九八九年夏に発表された〕。リベラルな民主主義と資本主義が特にファシズムと共産主義といった多くの競争相手を打ち破り、今や唯一、妥当な統治のシステムとして残された、と指摘された。こうして、フクヤマは、リベラリズムと民主主義、資本主義が世界に広がり、世界秩序は、個人の権利の尊厳（sanctity）に埋め込まれる（embedded in）であろう、と予測した。

しかし、歴史は、こうした方向へは完全には向かわなかった。冷戦の終結は、フクヤマが言うリベラルな民主主義と資本主義が繁栄する空間を作り出したが、同時に、人種や宗教、民族、国民、部族によってたきつけられて、一連の眠っていた緊張も復活させたのである。世界に一度解き放たれると、こうした原始的な諸力は、暴力と殺戮の歴史の新たな段階へと至った。フクヤマが時期尚早に歴史の終わりの到来を告げた四年後に、彼のかつての大学院時代の指導教員で、ハーバード大学の社会科学者のサミュエル・ハンティントンが、ずっとより暗い世界像を予言した。一九九六年の『文明の衝突と世界秩序の再建（*The Clash of Civilizations and the Remaking of World Order*）』で、ハンティントンは、リベラリズムが世界に広がるのではなく、代わりに復活したナショナリズムや民族の誇り、宗教の原理主義の猛攻撃に対して、その生き残りのために戦う必要があると警告した〔論文「文明の衝突?」は一九九三年夏に発表された〕。

こうして、フクヤマが描く未来は明るく見え、ハンティントンが描く未来は暗い。それらは一見、相互に排他的なものに見える。しかし、両方のヴィジョンがそれぞれ、同時に正しくもあり、正しくもないのである。冷戦後、リベラリズムは、同時に他の挑戦が立ち現れた時でさえ、勝ち誇っていた。冷戦の終結後の混沌とした世界は、これら二つのヴィジョンの間の対立によって形成されてきた。世界のアメリカの役割は、こうした暴力的な闘争によってもてあそばれてきたのである。

永遠の戦争

中東に対するアメリカの対外政策の転換は、冷戦の終結以前にすでに起こっていたが、一九八九年から一九九一年の劇的な出来事がそうした変化を促進させた。中東の死活的な重要性は、いくつかの要因の組み合わせから説明できる。一つの要因は、石油の経済的かつ戦略的な重要性である。アメリカは、一九七〇年代に石油の純輸入国となり、ヨーロッパのたいていのアメリカの同盟国と〔東アジアの〕日本は、長い間、海外の石油に依存していた。同時に、特にサウジアラビアやイラク、イランといった中東の主要な国家は、世界で最も大きな石油輸出国であった。もう一つの要因は、中東の地戦略的な（geostrategic）重要性である。特にグローバリゼーションの新しい時代で、資源供給へのアクセスとアジア地域とヨーロッパ地域の間の海上交通路（シーレーン）が死活的に重要な時に、地戦略的な重要性も増すのであった。第三の要因は、イスラーム教のテロリズムの台頭である。これは、アメリカの政治文化においては、冷戦に匹敵するほどの長期にわたる強度を備えた、繰り返し現れる危機の争点である。第四の要因は、地政学と同じく国内政治にも根ざしたものであった。一九六七年〔六月の第三次中東戦争〕以降、イスラエルとアメリカは、ますます密接な関係になってきた。イスラエルは、まず共産主義に対する重要な同盟国であるだけではなく、テロリズムに対しても同様であった。しかし、イスラエルはまた、ただユダヤ人だけではなく、幅広いアメリカ人にとって、リベラリズムと民主主義が稀な地域においてリベラルな民主主義の象徴として重要なのであった。

こうした要因はいずれも単独では、アメリカにとっての中東の重要性を説明できない。しかし、これら四つの要因が組み合わさると、特に時間とともに規模と勢いで重要になる時だが、これらの要因は、ほとんど永続的にアメリカが危機への介入を続ける条件を生み出すのであった。

一九九〇年八月にイラクが隣国のクウェートを侵攻した時に、アメリカは、これに対して国際的な連合〔多国籍軍〕を招集した。その結果は、一九九一年〔一―二月〕の湾岸戦争となり、アメリカがクウェートからイラク軍を追放することをわれわれは目撃することになる。イラクの指導者のサダム・フセインは、たとえば、制限された領空主権やイラクの石油収入を削減することを目的とした経済制裁、イラクの大量破壊兵器〔WMD〕プログラムの撲滅、半ば独立して活動するイラク北部のクルド民族居住地域といった厳格な制限の下で、権力の座にとどまることを許された。サダム・フセインは、こうした制限に苛立ち、実際にはWMDの能力を取り除いていないという誤ったシグナルを送ることとなる。イラクを敗北させることは、クウェートを解放し、サウジアラビアを保護することを意味したが、このことはまた、ひどく不安定化する宗教革命を経験している地域とのより密接な関係へとアメリカをいざなった。一九七九年〔一―二月〕のイラン革命と同年〔一二月〕のアフガニスタンへのソ連軍の侵攻に対するイスラームの抵抗は、サミュエル・ハンティントンが予言していたことが冷戦の終結とともに起こるであろうことの予兆であった。すなわち、宗教紛争の爆発的な再現である。アメリカは、敬虔なキリスト教の社会で、著しくユダヤ教の社会であると同時に、絶え間なく世俗的な社会でもある複雑な近代社会だが、サウジアラビアのようなムスリム諸国でより密接な役割を担い始めると、妥協しないスンニ派の原理主義の徒党がそれに抵抗した。

最も注目すべき反米の集団は、自らのことをアラビア語で天地創造（the foundation）を意味する「アルカイダ（Al-Qaeda）」と呼んだ。このことは、この集団の教義上の純粋さをほのめかしていた。アルカイダは、カリスマ性を持つオサマ・ビン・ラディンに指導されていた。彼は裕福な家族の出自であったが、西側諸国に幻滅し、アメリカと協力してイスラーム教の神聖な原理に背いていると彼が考えた中東のアラブ諸国に対する西側諸国の支持にも幻滅して育った。ビン・ラディンは一九八〇年代に、イスラーム原理主義派のゲリラ（mujahideen）の一員として、ソ連軍と戦った。その戦争が一九八九年〔二月〕に終結した時に、彼はアメリカとの戦いへと転じた。両方の戦いは、イスラームを支配しようと目論む近代主義の諸力に対する聖戦（holy wars）である、とビン・ラディンは主張した。こうして、彼は共産主義のロシア人と資本主義のアメリカ人をほとんど区別しなかった。

アルカイダとその関連団体は、一九九〇年代にアメリカ人を標的にしたいくつかの攻撃を行っている。たとえば、一九九三年〔二月〕のニューヨークの世界貿易センタービルの爆破テロ、一九九八年〔八月〕

のケニアとタンザニアのアメリカ大使館の破壊、〔二〇〇〇年一〇月の〕イエメンの港に停泊していたアメリカのミサイル駆逐艦コール（USS *Cole*）への自爆テロ攻撃などである。しかし、一九四一年〔一二月〕の日本軍による真珠湾奇襲攻撃の衝撃と類似した歴史の暴力的な転換を引き起こした彼らの最も大きなテロ攻撃作戦は、シンプルに「9／11」として知られるものであった。それは、二〇〇一年九月一一日に実行に移され、アルカイダのテロリストたちが四機の民間旅客機をハイジャックし、そのうち二機が貿易センタービルに突入し、一機がペンタゴンへ突入した〔最後の一機のユナイテッド航空九三便は、ペンシルベニア州・シャンクスビルの平野に墜落した〕。ジョージ・W・ブッシュ大統領は、非国家のテロリスト集団だけではなく、テロリズムを支援し扇動していると疑われた国家も攻撃目標とした無期限の「グローバルなテロとの戦い（global war on terror）」を打ち出すことで対応した。

このドクトリンに抵触した最初の国家は、アルカイダが拠点としていたアフガニスタンであった。ブッシュは、アフガニスタンを統治していたタリバン政権にビン・ラディンを引き渡すよう要求した。タリバン政権が引き渡しを拒否すると、アメリカは一〇月にアフガニスタンに侵攻した。タリバンは、首都から逃げ去り、ビン・ラディンは隠れた〔彼はその後、二〇一一年〔五月〕にパキスタンで米軍の特殊部隊に殺害された〕。アメリカは、アフガニスタン戦争に勝利したかに見えたが、首都を征服するよりも、アフガニスタンを占領することの方がずっと難しいことを知ることになる。紛争解決の戦いはすぐに、その国の支配をめぐる終わりの見えない、決定打に欠けた闘争へと行き詰まっていった。一九世紀にイギリスが教訓を学び、一九八〇年代にソヴィエトが教訓を学んだように、アフガニスタンは占領するのが困難な国家であった。しかし、W・ブッシュ政権は、こうした固有の困難さを自らの過ちでさらにひどくしてしまった。

二〇〇一年の終わりに向けて、アフガニスタンでの勝利が保証されたかに見えた時に、W・ブッシュは、よりよく知られた敵国であるイラクに自らの関心を密かに向けた。特に国防総省（ペンタゴン）であったが、W・ブッシュ政権の政府高官たちは、イラクが秘密で不法なWMDプログラムを維持しているだけではなく、アルカイダを支援もしていると疑っていた。いずれの疑いもそれを裏づける証拠はまったくなかったが、9／11によって作り出された恐ろしい雰囲気のなかではそのことはほとんど意味をなさなかった。W・ブッシュ政権のより攻撃的な政府高官たちのなかには〔特にネオコンだが〕、中東地域でアメリカの優越（dominance）を確立するというヴィジョンを実行に移す機会の瞬間だと見る者たちもいった。結果として、アメリカは、二〇〇三年三月にイラクに侵攻した。しかし、はじめてイラクに侵攻してから一二年も経つと、迅速で一見たやすく見えた首都への進軍から高度に効果的な反乱に直面して血なまぐさい混沌とした占領へ、という今ではよく知られたパターンが繰返されるのであった。反米のキャンペーンは、はじめの侵攻から四年以上が経った二〇〇七年の秋にようやく鎮まるが、二〇一一年〔一二月〕に米軍が撤退した時には、イラクは二〇〇一年の時点よりもより平和的にも安定的にもなっていなかった。実際のところ、新しいスンニ派の過激派組織、イラクとシリアのイスラーム国家（ISIS）がそうした混乱を利用し、占領軍とバグダッドの政府軍の両方に対して新しい反乱にとりかかった〔二〇一四年六月、ISISはイスラーム国家（IS）となった。その後、二〇一七年七月にイラクの都市モスル、一〇月にシリアの都市ラッカが陥落し、ISの脅威は後退した〕。

新しい責務

ソ連の崩壊に続く一〇年間は、「冷戦後の時代（the post-Cold War era）」というぎこちないが、まったくふさわしい言葉を生んだ。一九九〇年代は、冷戦の終結に続いた時期という文字通りの意味と、冷戦を定義づけるような特徴の一つが終わったという象徴的な意味の両方で冷戦後であった。この特徴とは、すなわち、アメリカとソ連による世界のパワーの共有である。冷戦後の時代に、アメリカだけが残ったのである。

結果として、アメリカは、すべての他国よりも高く、いやそれどころか国際システムそのものの上に高くそびえ立った。ロシアが衰弱し、日本経済が「失われた一〇年」に突入し、中国がようやく力を獲得し始めたこの稀な瞬間に、アメリカは、いかなる競争相手にも直面していなかった。ワシントンは、こうした状況を利用して、世界を自らのイメージで作り直そうとした。彼らの努力を正当化するフクヤマの勝利主義で、アメリカの政府高官たちと知識人たちは、あらゆる場所の人々の利益のためだけでなく、アメリカの安全保障のためにも、リベラルな民主主義と資本主義が世界中で広がることを促進した。学術的な理論でワシントンでも流行した「民主主義による平和（democratic peace）」によれば、リベラルな民主主義国家同士は、侵略戦争に乗り出さず、お互いに戦争をすることがない。そのため、民主主義国家の広がりは、平和の広がりも保証するであろう——。こうした考えを念頭に置いて、ビル・クリントンの政権は、その戦略を「封じ込めから、市場民主主義国家からなる世界の自由な共同体の拡大へ（enlargement）」向かうものとして定義した。「自由」を広げることが、アメリカのゴスペルとなったのである。

国際的なリベラリズムの力についてのフクヤマの楽観主義は、アメリカの政府高官たちの考えのなかに力強く定着し、まもなく「ワシントン・コンセンサス」として知られるようになった。アメリカの影響力は、ほとんどの場合、たとえば、一九九四年（一二月から）のメキシコ通貨危機や一九九七年（七月から）の東南アジア金融危機、一九九八年（八月）のロシアとアルゼンチンの通貨危機といった他国が緊急の金融支援を必要とするマクロ経済の危機の瞬間に増大した。緊急援助と引き換えに、苦しむ国々は、規制緩和をしたり、国営企業を民営化したりして、「構造調整（structural adjustment）」をする必要があった。同時に、アメリカは、ラテン・アメリカ（特にメキシコ）や南アジア、中国、東南アジア諸国（主にフィリピンだがヴェトナムも）から移民の急激な増加を経験した。そのことは、アメリカ経済だけではなく、アメリカ社会そのもののグローバリゼーションを深化させた。

フクヤマの楽観主義はまもなく、ハンティントンの「文明の衝突」の冷静な現実主義の悲観主義で抑制された。このことは、まさにワシントン・コンセンサスが世間一般の通念になりつつあったその時に、はっきりし始めた。「民族浄化（ethnic cleansing）」とは、争われる領土の特定の空間から特定の民族を排除しようとする点で大量虐殺（genocide）と異なる新しい概念だが、旧ユーゴスラヴィアを相争っている派閥にばらばらに引き裂いてしまったように、南ヨーロッパで噴出した。ボスニア・ヘルツェゴヴィナの旧ユーゴスラヴィアの共和国は、カトリックのクロアチア人とギリシャ正教会のセルビア人、ムスリムのボスニア人が混ざり合った共同体で、民族浄化の最悪の事態を経験したが、それは特別な事態ではなかった。一九九四年〔四月〕にルワンダでも大量虐殺の暴力が急に発生し、フツ族の多数派がライバルの部族であるツチ族を百万人以上、無差別に大量殺戮したのである。

冷戦後の世界の問題を解決するために、フクヤマとハンティントンのヴィジョンは、たとえば、「リベラルな介入主義（liberal interventionism）」や「人道的介入主義（humanitarian interventionism）」、「保護する責任（responsibility to protect;「R2P」としてしばしば知られる）」といったさまざまな用語で知られる混合物を形作った。フクヤマのリベラルな勝利主義は、歴史の進路を明らかにし、ハンティントンの文明の運命論は、歴史の進路に立ちはだかる根源的な諸力を明らかにした。こうして、解決策は、前者を後者に対して動員することであった。すなわち、宗教対立や民族対立、ナショナリストの暴力といった反歴史的な諸力を打ち負かすために、リベラルな民主主義国家が自らの政治的、経済的、そして究極的には軍事的な力を用いるのである。

結果は、対外戦争のためのイデオロギーの正当化であった。アメリカやその同盟国〔特にイギリス〕は、他者の安全保障だけではなく自らの利益のために他国へ介入した数世紀前のリベラルな帝国主義とまったく異なるものでもなかった。ワシントンやニューヨーク、ロンドン、ブリュッセルの人々は、たとえずっと古い国際法の原則である国家主権（national sovereignty）を侵害することになろうとも、無力な人々を保護するためにアメリカはその力を行使する責務があると信じた。クリントンがルワンダ虐殺へ介入し損なったことは、こうした新しいドクトリンをそれだけいっそう強要することとなった。というのも、数千に上るツチ族の死体がカゲラ川に沿って漂う忘れられないイメージが、西側の人々の想像力の前に不気味に立ちはだかるのであった。こうしたことを念頭に置いて、アメリカは、はじめは一九九五年〔八―九月〕にボスニアで、その後は一九九九年〔三―六月〕にコソヴォで、バルカン半島での虐殺を止めるためにNATOの力を動員した。〔二〇一三年一月の〕西アフリカと二〇一一年〔三―八月〕のリビアでの他の介入は、西側諸国の他の民族と国民を保護する責任として正当化された。

新しい冷戦？

冷戦が終結してから一五年も経たないうちに、アメリカの優位の単極の瞬間は、衰えつつあった。このことは、部分的にはW・ブッシュ政権の戦略的に破滅を招く9／11への反応のためであり、最終的にイラクで失敗した。しかし、国際関係の通常の進路の不可避な結果でもあった。すなわち、たとえアメリカが世界の最も強力な国家のままであったとして、他国はアメリカの力との格差を埋めようと決心しているからである。そして二一世紀に、アメリカに最も追いつこうとしている国家は、中華人民共和国であった。

リチャード・ニクソンが一九七二年〔二月〕に北京を訪問した時に、彼は世界史の新しい章を切り開いたことをわかっていたが、いかにその変化が重大であったかを知ったならば、彼はおそらく驚いたであろう。中国は、巨大だが貧窮に陥った国家から、少なくとも東アジアと西太平洋でアメリカと張り合うのに十分に強力な軍事力を持った経済的な最強国の一つになっていた。

皮肉にも、アメリカは、中国がこうした新しい進路を歩むことを助けることを重要視してきた。最初に、ニクソンの米中和解と冷戦の終結の間に、中国とアメリカはお互いにとっての敵であるソ連に対する事実上の戦略的な同盟であった。資金がすぐに結束をもたらした。一九八〇年代には、ポスト毛沢東の指導者である鄧小平の指導力の下で、中国は、国家に管理された市場経済を採用しつつ(「改革・開放」路線は一九七八年に打ち出された)、政治権力に関しては共産党の一党独裁を維持した。冷戦が一度終結すると、中国経済は、世界にとっての低賃金の工場として、他のどこよりもより効率的でより安く、かつ壮大な規模で消費財を製造し、成長を遂げた。アメリカ人は、ただ中国が一定の質の商品を低コストでアメリカの消費者に提供するからだけではなく、中国が事実上、ワシントン・コンセンサスを受け入れた前触れのように見えたため、中国の経済的な奇跡を奨励したのであった。中国は、二〇〇一年後半(一二月)に世界貿易機関(WTO)の加盟国となったが、アメリカがアフガニスタンで勝利し、イラクに眼を転じつつあった時であり、それはまさにアメリカが世界で支配的に見えた瞬間でもあった。

振り返れば、その瞬間は、重要な分水嶺であった。イラクとアフガニスタンで、アメリカは、その後、一連の屈辱的な敗北に苦しむようになっていく。二〇〇八年(九月)には「大不況(the Great Recession)」と呼ばれるにふさわしいほど深刻な経済的な下落(いわゆるリーマン・ショック)が、アメリカが卓越(primacy)を主張する根拠として残されていたものを破壊した。しかし、同じ期間にわたって、中国経済は成長し続け、二〇一〇年には日本を抜いて世界第二位の経済大国になった。重要なことに、北京は、その経済力を国内の政治的安定と国際的な軍事力へと変換してきた。北京はまた、アジア地域やアフリカ地域、ラテン・アメリカで、二国間援助やインフラストラクチャーのプログラムに何十億ドルも費やしてきた〔「一帯一路」構想とアジア・インフラ投資銀行（AIIB）の設立による〕。そして北京は、南シナ海の係争中の海域で返還を要求した島に一連の沖合いの（offshore）軍事基地を構築してきた〔岩のような小さな島を埋め立てて人工島とし、滑走路を作り、レーダーを配置した〕。

二〇一一年〔一一月〕のオーストラリア議会での演説で、バラク・オバマ大統領は、中国の台頭を飼い慣らし、制限する（tame and confine）ために、アメリカは中東地域から撤退し、東アジア地域へと軸足を置く（pivot）つもりだ、と宣言した〔「再均衡（rebalancing）」戦略としても知られる〕。このことは、アメリカの軍事力が中東ではとても大きなネガティブな結果しか残していないということがあまりにも明らかとなった瞬間に、世界政治とグローバル経済の重心が東側へシフトしていたため〔ギデオン・ラックマンが言う「イースタニゼーション」〕、戦略的に重要であった。しかし、地政学上の現実は、手に負えないことが明らかとなった。なぜなら、中東からの撤退が困難であることが明らかとなり、中国があまりにも遠く、あまりにも速く台頭していたため、飼い慣らし、制限することができないことは明らかであった。アメリカと中国の野心にどんな利点があろうと、北京とワシントンの間の競争関係は、これからの数十年間の国際関係を定義することは確実である。それが平和的な競争関係になるのか、それとも軍事的な紛争へと導かれるのかは、二一世紀初頭の世界でわれわれが直面する最も大きな戦略的な争点である。

米中闘争の結果はまた、おそらくリベラルな規範と自由市場経済のグローバルな運命を決定づけるであろう。リベラルな民主主義と資本主義を促進し、保護することが、一八九九年と一九〇〇年の門戸開放通牒からワシントン・コンセンサス、人道的介入主義まで、現在までの一世紀以上、世界のなかでのアメリカにとっての指導原理（lodestar）であった。二〇〇一年以降の時代は、アメリカにとってほとんど継続する危機の時代であった。対照的に、中国はこの間、ますます強力になった。しかし、イラクやリビアでの悲惨な必要のない戦争のような自ら招いた傷にもかかわらず、また大不況の重大さにもかかわらず、アメリカは依然として、世界で卓越した国家（preeminent state）のままである。アメリカは、文化的なソフト・パワーのほとんどを保ち、世界経済のエンジンであり、指導的なテクノロジーのイノベーターであり、抜きん出た支配的な軍事力を保持し続けている。次の一〇〇年間が「アメリカの世紀」となるのか、それとも「中国の世紀」になるのかは、まだ決定されていない。

訳者あとがき

本書は、Andrew Preston, *American Foreign Relations: A Very Short Introduction*, Oxford University Press, 2019 の翻訳である。アンドリュー・プレストンは、カナダの歴史家で、ケンブリッジ大学歴史学部の教授である。プレストンの本としては、本書がはじめての日本語訳となる。

プレストンには、たとえば、以下のような研究業績がある。

Sword of the Spirit, Shield of Faith: Religion in American War and Diplomacy, Knopf, 2012.

The War Counsil: McGeorge Bundy, the NSC and Vietnam, Harvard University Press, 2010.

前者の *Sword of the Spirit, Shield of Faith* は、二〇一三年のチャールズ・テイラー賞を受賞した。

さらに編著書として、たとえば、以下の著作がある。

Elizabeth Borgwardt, Christopher McKnight Nichols, Andrew Preston, eds., *Rethinking American Grand Strategy*. New York: Oxford University Press, 2021.

Brooke L. Blower and Andrew Preston, eds., *The Cambridge History of America and the World*, Volume 3, *1900-1945*, Cambridge University Press, 2021.

Andrew Preston and Doug Rossinow, eds., *Outside In: The Transnational Circuitry of U.S. History*, Oxford University Press, 2017.

Bruce J. Schulman, Julian E. Zelizer, and Adrew Preston, eds., *Faithful Republic: Religion and Politics in the 20th Century United States*, University of Pennsylvania Press, 2015.

Jeffrey A. Engel, Mark Atwood Lawrence, and Andrew Preston, *America in the World: A History in Documents from the War with Spain to the War on Terror*, Princeton University Press, 2014.

Fredrik Logevall and Andrew Preston, eds., *Nixon in the World: U.S. Foreign Relations, 1969-1977*, Oxford University Press, 2008.

特に *The Cambridge History of America and the World*, Volume 3, *1900-1945* は、日本でも研究者の間で広く読まれている。

本書は、「アメリカの対外関係」の歴史、すなわち、アメリカが世界にいかに関わってきたのかについて、俯瞰する内容となっている。イントロダクションで指摘されているように、単なる「アメリカ外交史」ではなく、トランスナショナルな結びつきや国内要因など、下からの視角も同時に念頭に置いたより包括的な「アメリカの対外関係」の歴史を分析している。

プレストンは、独立戦争以降の「アメリカの対外関係」の歴史が単独主義（unilateralism）と例外主義（exceptionalism）、拡張主義（expansionism）の三つの行動原理によって特に動かされてきたことを丁寧に明らかにしている。

たとえば、彼は、一九世紀半ばのメキシコとの戦争時の反戦運動について、以下の通り、いみじくも指摘する。「アメリカでの反戦の行動主義は、めったに反アメリカの運動にはならない。すなわち、それはアメリカそのものへの批判にめったにならずに、代わりにアメリカの真の理想を裏切っている見当違いの腐敗したエリートたちに焦点を絞るのである。そのため、特定の戦争の批判者たちが、メキシコとの戦争のポークに対するリンカーンのように、戦争の意図と目的に等しく例外主義からの批判を繰り広げた時に、彼らは、そのことによって、大統領や戦争の指導者たちに彼らの行動をアメリカとその価値感にふさわしい最も高潔な目的にしたがったものとして正当化することを強制していたのである」。

第一次世界大戦時のウッドロー・ウィルソン大統領の「リベラルな国際主義」は、新しい行動原理の組み合わせであるという。単独主義が国際主義と折り合いをつけていく必要がある時代に突入していく。

こうして、本書は、最新の研究動向を反映した内容となっている。かつコンパクトながら包括的な議論が展開されている。

こうした包括的な政治外交史の翻訳を行うにあたって、実に多くの文献を参考にした。アメリカの対外関係の詳細については、巻末の参考文献リストをご参照いただきたい。

コンパクトながら野心的な本書の翻訳が、日本におけるアメリカ政治外交史の理解に資することを祈るばかりである。

訳者一人では訳出困難な箇所について、佐々木卓也先生と中嶋啓雄先生、倉科一希先生に教えを請い、貴重なご教示をいただいた。特に佐々木先生は、原稿をお送りしたその日にコメントとご提案を返して下さった。中嶋先生は、一九世紀アメリカ政治外交史の知見を教えて下さった。倉科先生は、詳細なコメントと大胆な意訳の案を提示して下さった。心から感謝を申し上げたい。ただし、誤訳や誤字脱字がまだ残っていれば、それはすべて訳者の責任である。

最後に、杏林大学の出版助成による支援に心から感謝する。また同時に、晃洋書房の丸井清泰氏と徳重伸氏の励ましと的確な編集作業に心から感謝する。

二〇二三年二月　杏林大学の井の頭キャンパスの研究室にて

島村直幸

《著者紹介》

アンドリュー・プレストン（Andrew Preston）

1973年　カナダ・ブロックビル生まれ
2001年　ケンブリッジ大学大学院博士後期課程修了．Ph. D（歴史学）．
現　在　ケンブリッジ大学歴史学部教授

主要研究業績

Sword of the Spirit, Shield of Faith: Religion in American War and Diplomacy (Knopf, 2012)
The War Council: McGeorge Bundy, the NSC, and Vietnam. Cambridge (Harvard University Press, 2006)
Rethinking American Grand Strategy (eds., Oxford University Press, 2021)
The Cambridge History of America and the World, Volume 3, *1900-1945* (eds., University Press, 2021)
Outside In: The Transnational Circuitry of U.S. History (eds., Oxford University Press, 2017)
Faithful Republic: Religion and Politics in the 20th Century United States (eds., University of Pennsylvania Press, 2015)
America in the World: A History in Documents from the War with Spain to the War on Terror (eds., Princeton University Press, 2014)
Nixon in the World: U.S. Foreign Relations, 1969-1977 (eds., Oxford University Press, 2008)
他，論文多数あり．

《訳者紹介》

島村直幸（しまむら　なおゆき）

1970年　東京生まれ
2006年　一橋大学大学院博士後期課程満期退学．博士（法学）．
現　在　杏林大学総合政策学部准教授

主要研究業績

『〈教養〉としての国際問題入門』（一藝社，2021年）
『国際政治の〈変化〉を見る眼――理論・歴史・現状』（晃洋書房，2019年）
『〈抑制と均衡〉のアメリカ政治外交――歴史・構造・プロセス』（ミネルヴァ書房，2018年）
『帝国の遺産と現代国際関係』（共著，勁草書房，2017年）
『イギリスとアメリカ――世界秩序を築いた四百年』（共著，勁草書房，2016年）
『現代アメリカ外交キーワード――国際政治を理解するために』（共著，有斐閣，2003年）
『現代アメリカの政治権力構造――岐路に立つ共和党とアメリカ政治のダイナミズム』（共著，日本評論社，2000年）
ヘンリー・R. ナウ『アメリカの対外関与――アイデンティティとパワー』（共訳，有斐閣，2005年）
「アメリカ中心のリベラルな国際秩序は，はたして維持されるのか？」（『法学新報』（中央大学）128（9），2022年）
他，論文多数あり．

人名索引

タ・ナ行

ハ　行

マ・ヤ行

ラ・ワ行

事項索引

ア行

カ行

サ　行

タ　行

ナ　行

ハ　行

マ　行

ヤ　行

ラ・ワ行

参考文献

本書をより深く理解するために，アプローチ別に下記の参考文献を挙げておきたい．

〈本書全体〉

青野利彦・倉科一希・宮田伊知郎編『現代アメリカ政治外交史』ミネルヴァ書房，2020年．

アーミテージ，デイヴィッド『独立宣言の世界史』（平田雅博・岩井淳・菅原秀二・細川道久訳），ミネルヴァ書房，2012年．

アメリカ学会編『原典アメリカ史（全9巻）』岩波書店，1950—2006年．

明石紀雄『トマス・ジェファソンと「自由の帝国」の理念——アメリカ合衆国建国史序説』ミネルヴァ書房，1993年．

有賀貞『アメリカ政治史』福村出版，1985年．

————『アメリカ史概論』東京大学出版会，1987年．

————『アメリカ革命』東京大学出版会，1988年．

————『国際関係史——16世紀から1945年まで』東京大学出版会，2010年．

————『ヒストリカル・ガイドUSA アメリカ［改訂新版］』山川出版社，2012年．

————『現代国際関係史——1945年から21世紀初頭まで』東京大学出版会，2019年．

有賀貞・大下尚一・志邨晃佑・平野孝編『世界歴史大系 アメリカ史 17世紀▶1877年 1』山川出版社，1994年．

————『世界歴史大系 アメリカ史 1877年▶1992 2』山川出版社，1993年．

有賀貞・宮里政玄編『概説アメリカ外交史——対外意識と対外政策の変遷［新版］』有斐閣，1998年．

イリジャ，グールド・H.『アメリカ帝国の胎動——ヨーロッパ国際秩序とアメリカ独立』（森丈夫監訳，松隈達也・笠井俊和・石川敬史・朝立康太郎・田宮晴彦訳），彩流社，2016年．

五十嵐武士『アメリカの建国——その栄光と試練』東京大学出版会，1984年．

石井修『国際政治史としての二〇世紀』有信堂高文社，2000年．

ウィリアムズ，ウィリアム・A.『アメリカ外交の悲劇』（高橋章・松田武・有賀貞訳），御茶の水書房，1991年．

ウッド，ゴードン・S.『アメリカ独立革命』（中野勝郎訳），岩波書店，2016年
大下尚一・有賀貞・志邨晃佑・平野孝編『史料が語るアメリカ史――メイフラワーから包括通商法まで 1584―1988』有斐閣，1989年.
オリヴィエ，ザンズ『アメリカの世紀――それはいかにして創られたか？』（有賀貞・西崎文子訳），刀水書房，2005年.
カミングス，ブルース『アメリカ西漸史――〈明白なる運命〉とその未来』（渡辺将人訳），東洋書林，2013年.
菅英輝・秋元英一『アメリカ20世紀史』東京大学出版会，2003年.
キッシンジャー，ヘンリー・A.『外交（上下）』日本経済新聞社，1996年.
貴堂嘉之『南北戦争の時代――19世紀』岩波書店（岩波新書），2019年.
紀平英作編『新版世界各国史24 アメリカ史』山川出版社，1999年.
草間秀三郎『ウィルソンの国際社会政策構想――多角的国際協力の礎石』名古屋大学出版会，1990年.
久保文明『アメリカ政治史』有斐閣，2018年.
久保文明・岡山裕『アメリカ政治史講義』東京大学出版会，2022年.
ケナン，ジョージ・F.『アメリカ外交50年』（近藤晋一・飯田藤次・有賀貞訳），岩波書店（岩波現代文庫），2000年.
齋藤眞『アメリカ革命史研究――自由と統合』東京大学出版会，1992年.
――――『アメリカとは何か』平凡社，1995年.
齋藤眞・古矢旬『アメリカ政治外交史［第2版］』東京大学出版会，2012年.
佐々木卓也『冷戦――アメリカの民主主義的生活様式を守る戦い』有斐閣，2011年.
佐々木卓也編『ハンドブック アメリカ外交史――建国から冷戦後まで』ミネルヴァ書房，2011年.
――――『戦後アメリカ外交史［第3版］』有斐閣，2017年.
佐々木雄太『国際政治史――世界戦争の時代から21世紀へ』名古屋大学出版会，2011年.
佐藤千登勢『フランクリン・ローズヴェルト――大恐慌と大戦に挑んだ指導者』中央公論新社（中公新書），2021年.
猿谷要『物語 アメリカの歴史――超大国の行方』中央公論社（中公新書），1991年.
島村直幸『〈抑制と均衡〉のアメリカ政治外交――歴史・構造・プロセス』ミネルヴァ書房，2018年.
清水知久『近代のアメリカ大陸』講談社，1984年.

ジョンソン，ポール『アメリカ人の歴史（全3巻）』（別宮貞徳訳），共同通信社，2001年.
進藤榮一『現代アメリカ外交序説――ウッドロー・ウィルソンと国際秩序』創文社，1974年.
高原秀介『ウィルソン外交と日本――理想と現実の間 1913―1921』創文社，2006年.
高光佳絵『アメリカと戦間期の東アジア――アジア・太平洋国際秩序形成と「グローバリゼーション」』青弓社，2008年.
滝田賢治『国際政治史講義――20世紀国際政治の軌跡』有信堂高文社，2022年.
ダレック，ロバート『20世紀のアメリカ外交――国内中心主義の弊害とは』（林義勝訳），多賀出版，1991年.
中谷直司『強いアメリカと弱いアメリカの狭間で――第一次世界大戦後の東アジア秩序をめぐる日米英関係』千倉書房，2016年.
中嶋啓雄『モンロー・ドクトリンとアメリカ外交の基盤』ミネルヴァ書房，2002年.
中野耕太郎『20世紀アメリカの夢――世紀転換期から1970年代』岩波書店（岩波新書），2019年.
西崎文子『アメリカ外交とは何か――歴史の中の自画像』岩波書店（岩波新書），2004年.
――――『アメリカ外交史』東京大学出版会，2022年.
ノートン，メアリー・ベスほか『アメリカの歴史（全6巻）』（本田創造監修，白井洋子・戸田徹子訳），三省堂，1996年.
野村達朗『新書 アメリカ合衆国史〈2〉フロンティアと摩天楼』講談社（講談社現代新書），1989年.
ハミルトン，A.，J・ジェイ，J.マディソン『ザ・フェデラリスト』（斎藤眞・中野勝郎訳），岩波書店（岩波文庫），1976年.
林義勝『スペイン・アメリカ・キューバ・フィリピン戦争――マッキンリーと帝国への道』彩流社，2020年.
フェンビー，ジョナサン『奇妙な同盟――ルーズベルト、スターリン、チャーチルはいかにして第二次大戦に勝ち、冷戦を始めたか（Ⅰ・Ⅱ）』（河内隆弥訳），藤原書店，2018年.
フォーナー，エリック（横山良，竹田有，常松洋，肥後本芳男訳）『アメリカ自由の物語（上下）』岩波書店，2008年.
古矢旬『アメリカニズム――「普遍国家」のナショナリズム』東京大学出版会，

2002年.
ヘイガン，ケネス，イアン・J・ビッカートン『アメリカと戦争 1775―2007――「意図せざる結果」の歴史』（高田馨里訳），大月書店，2010年.
細谷千博・斎藤眞編『ワシントン体制と日米関係』東京大学出版会，1978年.
細谷雄一『外交』有斐閣，2007年.
――――『国際秩序――18世紀ヨーロッパから21世紀アジアへ』中央公論新社（中公新書），2012年.
本間長世編『アメリカ世界（Ⅰ・Ⅱ）』有斐閣（有斐閣新書），1980年.
松岡完『20世紀の国際政治――二度の世界大戦と冷戦を経て［第3版］』同文舘出版，2014年.
松岡完『超大国アメリカ100年史――戦乱・危機・協調・混沌の国際関係史』明石書店，2016年.
三島武之介『「アメリカの世紀」を興したリーダーたち――グローバル化に向けた国家改革』松籟社，2016年.
三牧聖子『戦争違法化運動の時代――「危機の20年」のアメリカ国際関係思想』名古屋大学出版会，2014年.
メイア，A・J.『ウィルソン対レーニン――新外交の政治的起源 1917―1918』（斎藤孝・木畑洋一訳），岩波書店，1983年.
モリソン，サムエル『アメリカの歴史（全5巻）』（西川正身翻訳監修），集英社（集英社文庫），1997年.
安武秀岳『新書 アメリカ合衆国史〈1〉大陸国家の夢』講談社（講談社現代新書），1988年.
――――『自由の帝国と奴隷制――建国から南北戦争まで』ミネルヴァ書房，2011年.
山岸義夫『アメリカ膨張主義の展開――マニフェスト・デスティニーと大陸帝国』勁草書房，1995年.
リンク，アーサー・S.『地球時代の先駆者――外政家ウィルソン』（松延慶二・菅英輝訳），玉川大学出版部，1979年.
ルー，デイビッド『アメリカ 自由と変革の軌跡――建国からオバマ大統領誕生まで』日本経済新聞出版社，2009年.
和田光弘『植民地から建国へ――19世紀初頭まで』岩波書店（岩波新書），2019年.

〈冷戦〉

第五章の「超大国」が，他の章と比べて，分量がより多い（約二倍）．冷戦については，プレストンは，特に冷戦の開始と拡大，「危機の年（crisis years）」からヴェトナム戦争へ，米中和解から米ソ・デタント（detente）へ，新冷戦から冷戦の終結へという流れを比較的に丁寧に論じている．

青野利彦『「危機の年」の冷戦と同盟――ベルリン、キューバ、デタント 1961―63年』有斐閣，2012年．

アイザックソン，ウォルター『キッシンジャー――世界をデザインした男（上下）』（別宮貞徳訳），日本放送出版協会，1994年．

アリソン，グレアム，フィリップ・ゼリコウ『決定の本質――キューバ・ミサイル危機の分析［第２版］（Ⅰ・Ⅱ）』（漆嶋稔訳），日経BPクラシックス，2016年．

五十嵐武士『戦後日米関係の形成――講和・安保と冷戦後の視点に立って』講談社（講談社学術文庫），1995年．

石井修『覇権の翳り――米国のアジア政策とは何だったのか』柏書房，2015年．

板橋拓己『分断の克服 1989―1990 ――統一をめぐる西ドイツ外交の挑戦』中央公論新社（中公選書），2022年．

上杉忍『新書 アメリカ合衆国史〈3〉パクス・アメリカーナの光と陰』講談社（講談社現代新書），1989年．

ウェスタッド，O・A.『グローバル冷戦史――第三世界への介入と現代世界の形成』（佐々木雄太監訳，小川浩之・益田実・三須拓也・三宅康之・山本健訳），名古屋大学出版会，2010年．

――――『冷戦――ワールド・ヒストリー（上下）』（益田実監訳，山本健・小川浩之訳），岩波書店，2020年．

小野沢透『幻の同盟――冷戦初期アメリカの中東政策（上下）』名古屋大学出版会，2016年．

ガディス，ジョン・L.『冷戦――その歴史と問題点』（河合秀和・鈴木健人訳），彩流社，2007年．

菅英輝『米ソ冷戦とアメリカのアジア政策』ミネルヴァ書房，1992年．

――――『冷戦と「アメリカの世紀」――アジアにおける「非公式帝国」の秩序形成』岩波書店，2016年．

ギャディス，ジョン・L.『ロング・ピース――冷戦史の証言「核・緊張・平和」』（五味俊樹・阪田恭代・宮坂直史・坪内淳・太田宏訳），芦書房，2003年．

――――『歴史としての冷戦――力と平和の追求』（赤木完爾・斉藤祐介訳），慶應義塾大学出版会，2004年.
――――『アメリカの大戦略――先制・単独行動・覇権』（赤木完爾訳），慶應義塾大学出版会，2006年.
倉科一希『アイゼンハワー政権と西ドイツ――同盟政策としての東西軍備管理交渉』ミネルヴァ書房，2008年.
齋藤嘉臣『冷戦変容とイギリス外交――デタントをめぐる欧州国際政治 1964～1975年』ミネルヴァ書房，2006年.
佐々木卓也『封じ込めの形成と変容――ケナン、アチソン、ニッツェとトルーマン政権の冷戦戦略』三嶺書房，1993年.
――――『アイゼンハワー政権の封じ込め政策――ソ連の脅威、ミサイル・ギャップ論争と東西交流』有斐閣，2008年.
佐橋亮『共存の模索――アメリカと「二つの中国」の冷戦史』勁草書房，2015年.
サロッティ，メアリー・エリス『1989――ベルリンの壁崩壊後のヨーロッパをめぐる闘争（上下）』（奥田博子訳），慶應義塾大学出版会，2019年.
志田淳二郎『米国の冷戦終結外交――ジョージ・H・W・ブッシュ政権とドイツ統一』有信堂高文社，2020年.
スチーブンスン，R・W『デタントの成立と変容――現代米ソ関係の政治力学』（滝田賢治訳），中央大学出版部，1989年.
ステイル，ベン『マーシャル・プラン――新世界秩序の誕生』（小坂恵理訳），みすず書房，2020年.
妹尾哲志『戦後西ドイツ外交の分水嶺――東方政策と分断克服の戦略 1963～1975年』晃洋書房，2011年.
――――『冷戦変容期の独米関係と西ドイツ外交』晃洋書房，2022年.
ドックリル，マイケル・L，マイケル・F・ホプキンズ『冷戦 1945―1991』（伊藤裕子訳），岩波書店，2009年.
西崎文子『アメリカ冷戦政策と国連 1945―1950』東京大学出版会，1992年.
ハルバースタム，デイビッド『ベスト＆ブライテスト（上中下）』（浅野輔訳），サイマル出版会，1983年.
ハレー，ルイス・J.『歴史としての冷戦』（太田博訳），サイマル出版会，1967年.
ベシュロス，マイケル『危機の年――1960-1963 ケネディとフルシチョフの闘い（上下）』（筑紫哲也訳），飛鳥新社，1992年.
細谷千博『サンフランシスコ講和への道』中央公論社，1984年.
マクマン，ロバート『冷戦史』（青野利彦監訳，平井和也訳），勁草書房，2018年.

マコーミック，トマス・J.『パクス・アメリカーナの五十年——世界システムの中の現代アメリカ外交』（松田武・高橋章・杉田米行共訳），東京創元社，1992年.
増田弘編『ニクソン訪中と冷戦構造の変容——米中接近の衝撃と周辺諸国』慶應義塾大学出版会，2006年.
益田実・池田亮・青野利彦・齋藤嘉臣編『冷戦史を問いなおす——「冷戦」と「非冷戦」の境界』ミネルヴァ書房，2015年.
益田実・齋藤嘉臣・三宅康之編『デタントから新冷戦へ——グローバル化する世界と揺らぐ国際秩序』法律文化社，2022年.
松岡完『ベトナム戦争——誤算と誤解の戦場』中央公論新社（中公新書），2001年.
————『ベトナム症候群——超大国を苛む「勝利」への強迫観念』中央公論新社（中公新書），2003年.
水本義彦『同盟の相剋——戦後インドシナ紛争をめぐる英米関係』千倉書房，2009年.
村田晃嗣『大統領の挫折——カーター政権の在韓米軍撤退政策』有斐閣，1998年.
————『レーガン——いかにして「アメリカの偶像」となったか』中央公論新社（中公新書），2011年.
メイ，アーネスト『歴史の教訓——戦後アメリカ外交分析』（進藤榮一訳），中央公論社，1977年.
森聡『ヴェトナム戦争と同盟外交——英仏の外交とアメリカの選択　1964—1968年』東京大学出版会，2009年.
山本健『同盟外交の力学 1968—1973』勁草書房，2010年.
吉留公太『ドイツ統一とアメリカ外交』晃洋書房，2021年.
ラフィーバー，ウォルター『アメリカの時代——戦後史のなかのアメリカ政治と外交』（久保文明監訳），芦書房，1992年.
————『アメリカ vs ロシア——冷戦時代とその遺産』（平田雅己・伊藤裕子監訳），芦書房，2012年.
ルカーチ，ジョン『評伝ジョージ・ケナン——対ソ「封じ込め」の提唱者』（菅英輝訳），法政大学出版会，2011年.
ローズ，リチャード『原爆から水爆へ——東西冷戦の知られざる内幕（上下）』（小沢千重子・神沼二真訳），紀伊國屋書店，2001年.

〈冷戦後～21世紀〉

冷戦後から21世紀については，プレストンは，多くを語っていない．第六章の「ハイパー・パワーとその不満」は，本書のあとがきのような位置づけとなっている．われわれ一人ひとりが，想像力を働かせて，現状分析する必要がある．

会田弘継『トランプ現象とアメリカ保守思想――崩れ落ちる理想国家』左右社，2016年.

――――『破綻するアメリカ』岩波書店，2017年.

アチャリア，アミタフ『アメリカ世界秩序の終焉――マルチプレックス世界のはじまり』（芦澤久仁子訳），ミネルヴァ書房，2022年.

五十嵐武士『覇権国アメリカの再編――冷戦後の変革と政治的伝統』東京大学出版会，2001年.

池内恵・宇山智彦・川島真・小泉悠・鈴木一人・鶴岡路人・森聡『ウクライナ戦争と世界のゆくえ（UP plus）』東京大学出版会，2022年.

井上弘貴『アメリカ保守主義の思想史――もうひとつの社会改革思想』青土社，2020年.

ウィットロック，クレイグ『アフガニスタン・ペーパーズ――隠蔽された真実、欺かれた勝利』（河野純治訳），岩波書店，2022年.

ウッドワード，ボブ『司令官たち――湾岸戦争突入にいたる“決断”のプロセス』（石山鈴子・染田屋茂訳），文藝春秋，1991年.

――――『大統領執務室――裸のクリントン政権』（山岡洋一・仁平和夫訳），文藝春秋，1994年.

――――『権力の失墜――大統領たちの危機管理（上下）』（新庄哲夫訳），日本経済新聞出版，2000年.

――――『ブッシュの戦争』（伏見威蕃訳），日本経済新聞出版，2003年.

――――『攻撃計画――ブッシュのイラク戦争』（伏見威蕃訳），日本経済新聞出版，2004年.

――――『ブッシュのホワイトハウス（上下）』（伏見威蕃訳），日本経済新聞出版，2007年.

――――『オバマの戦争』（伏見威蕃訳），日本経済新聞出版，2011年.

――――『政治の代償』（伏見威蕃訳），日本経済新聞出版，2013年.

――――『恐怖の男――FEARトランプ政権の真実』（伏見威蕃訳），日本経済新聞出版，2018年.

――――『RAGE怒り』（伏見威蕃訳），日本経済新聞出版，2020年.

ウッドワード，ボブ，ロバート・コスタ『PERIL 危機』（伏見威蕃訳），日本経済新聞出版，2021年.
オーバードーファー，ドン，ロバート・カーリン『二つのコリア――国際政治の中の朝鮮半島［第３版］』（菱木一美訳），共同通信社，2015年.
ガートナー，ロイド，マリリン・B・ヤング『アメリカ帝国とは何か――21世紀世界秩序の行方』（松田武・菅英輝・藤本博訳），ミネルヴァ書房，2008年.
カリル，クリスチャン『すべては1979年から始まった――21世紀を方向づけた反逆者たち』（北川知子訳），草思社，2015年.
久保文明編『G・W・ブッシュ政権とアメリカの保守勢力――共和党の分析』日本国際問題研究所，2003年.
――――『米国民主党――2008年政権奪回への課題』日本国際問題研究所，2005年.
――――『アメリカ外交の諸潮流――リベラルから保守まで』日本国際問題研究所，2007年.
久保文明・東京財団「現代アメリカ」プロジェクト編『オバマ政治を採点する』日本評論社，2010年.
久保文明・中山俊宏・渡辺将人『オバマ・アメリカ・世界』NTT 出版，2012年.
久保文明・高畑昭男・東京財団「現代アメリカ」プロジェクト編『アジア回帰するアメリカ――外交安全保障政策の検証』NTT 出版，2013年.
久保文明・中山俊宏・山岸敬和・梅川健編『アメリカ政治の地殻変動――分極化の行方』東京大学出版会，2021年.
クロッペンバーグ，ジェイムズ『オバマを読む――アメリカ政治思想の文脈』（古矢旬・中野勝郎訳），岩波書店，2012年.
佐橋亮『米中対立――アメリカの戦略転換と分断される世界』中央公論新社（中公新書），2021年.
佐橋亮・鈴木一人編『バイデンのアメリカ――その世界観と外交（UP plus）』東京大学出版会，2022年.
島村直幸「『帝国』としてのアメリカ――その擁護論とその批判者たちについて」，納家政嗣・永野隆行編『帝国の遺産と現代国際関係』勁草書房，2017年.
――――『国際政治の〈変化〉を見る眼――理論・歴史・現状』晃洋書房，2019年.
――――「アメリカ中心のリベラルな国際秩序は，はたして維持されるのか？」『法学新報（星野智先生退職記念論文集）』（中央大学），128(9)，2022年.

スナイダー，ティモシー『自由なき世界――フェイクデモクラシーと新たなファシズム（上下）』（池田年穂訳），慶應義塾大学出版会，2020年.
ダイヤモンド，ラリー『浸食される民主主義（上下）』（市原麻衣子監訳），勁草書房，2022年.
東京財団政策研究所監修，久保文明編『トランプ政権の分析――分極化と政治的収斂との間で』日本評論社，2021年.
中山俊宏『介入するアメリカ――理念国家の世界観』勁草書房，2013年.
――――『アメリカン・イデオロギー――保守主義運動と政治的分断』勁草書房，2013年.
納家政嗣『国際紛争と予防外交』有斐閣，2003年.
納家政嗣・永野隆行編『帝国の遺産と現代国際関係』勁草書房，2017年.
納家政嗣・上智大学国際関係研究所編『自由主義的国際秩序は崩壊するのか――危機の原因と再生の条件』勁草書房，2021年.
西川賢『ビル・クリントン――停滞するアメリカをいかに建て直したか』中央公論新社（中公新書），2016年.
西山隆行『格差と分断のアメリカ』東京堂出版，2020年.
ノーキスト，グローバー『「保守革命」がアメリカを変える』（久保文明・吉原欽一訳），中央公論社，1996年.
ハイランド，ウィリアム・G.『冷戦後のアメリカ外交』（堀本武功・塚田洋訳），明石書店，2005年.
パッカー，ジョージ『イラク戦争のアメリカ』（豊田英子訳），みすず書房，2008年.
バーバー，ベンジャミン・R.『予防戦争という論理――アメリカはなぜテロとの戦いで苦戦するのか』（鈴木主税・浅岡政子訳），阪急コミュニケーションズ，2004年.
ハルバースタム，デイビッド『静かなる戦争――アメリカの栄光と挫折（上下）』（小倉慶郎・三島篤志・田中均・佳元一洋・柴武行訳），PHP研究所，2003年.
ハンチントン，サミュエル『文明の衝突』（鈴木主税訳），集英社，1998年.
フクヤマ，フランシス『歴史の終わり』（渡部昇一訳），三笠書房，1992年.
――――『「歴史の終わり」の後で』（マチルデ・ファスティング編，山田文訳），中央公論新社，2022年.
古矢旬『ブッシュからオバマへ――アメリカ変革のゆくえ』岩波書店，2009年.
――――『グローバル時代のアメリカ』岩波書店（岩波新書），2020年.

マン，ジェームズ『米中奔流』（鈴木主税訳），共同通信社，1999年.
――――『ウルカヌスの群像――ブッシュ政権とイラク戦争』（渡辺昭夫監訳），共同通信社，2004年.
――――『危険な幻想――中国が民主化しなかったら世界はどうなる？』（渡辺昭夫訳），PHP出版所，2007年.
村田晃嗣『現代アメリカ外交の変容――レーガン、ブッシュからオバマへ』有斐閣，2009年.
ラックマン，ギデオン『イースタニゼーション――台頭するアジア、衰退するアメリカ』（小坂恵理訳），日本経済新聞出版，2021年.
――――『強権的指導者の時代――民主主義を脅かす世界の新潮流』（村井浩紀訳），日本経済新聞出版，2022年.
レビツキー，スティーブン，ダニエル・ジブラット『民主主義の死に方――二極化する政治が招く独裁への道』（濱野大道訳），新潮社，2018年.
ローゼンブラット，ヘレナ『リベラリズム――失われた歴史と現在』（三牧聖子・川上洋平訳），青土社，2020年.
渡辺将人『評伝 バラク・オバマ――「越境」する大統領』集英社，2009年.
渡辺靖『アメリカとは何か――自画像と世界観をめぐる相剋』岩波書店（岩波新書），2022年.

アメリカの対外関係を俯瞰する
―― A Very Short Introduction ――

2023年3月30日　初版第1刷発行　　＊定価はカバーに表示してあります

著　者　アンドリュー・プレストン
訳　者　島　村　直　幸
発行者　萩　原　淳　平

発行所　株式会社　晃　洋　書　房
〒615-0026　京都市右京区西院北矢掛町7番地
電　話　075(312)0788番(代)
振替口座　01040-6-32280

装丁　(株)クオリアデザイン事務所　　組版　(株)トーヨー企画
印刷・製本　亜細亜印刷(株)

ISBN978-4-7710-3737-3